포켓브러리

007

English

영어면접
벼락치기

질문에 대처하는 방법을 알려줄 것이다.

가장 빈도수 높은 질문을 주제별로 정리하여 모범 답변을 제시할 것이다.

답변을 적용할 수 있는 다른 유형의 질문들도 함께 알아볼 것이다.

각 주제별로 보너스 문장을 제공할 것이다.

김연욱 지음

Interview

세창미디어

포켓브러리 007

영어면접 벼락치기

초판 1쇄 발행 2010년 7월 25일
초판 2쇄 인쇄 2012년 11월 25일

지은이 김연욱 | **펴낸이** 이방원
편집 김명희 · 안효희 · 조환열 · 강윤경
디자인 박선옥 · 손경화
마케팅 최성수

펴낸곳 세창미디어 | **출판신고** 1998년 1월 12일 제300-1998-3호
주소 120-050 서울시 서대문구 냉천동 182 냉천빌딩 4층
전화 723-8660 | **팩스** 720-4579
이메일 sc1992@empal.com | **홈페이지** http://www.scpc.co.kr
ISBN 978-89-5586-111-2 04740 | **ISBN** 978-89-5586-096-2 (세트)
ⓒ김연욱, 2010

값 5,000원

잘못 만들어진 책은 바꾸어 드립니다.

영어면접 벼락치기 / 지은이 : 김연욱. — 서울 : 세창미디어, 2010
    p. ; cm — (포켓브러리 ; 007)

본문은 한국어, 영어가 혼합수록됨

ISBN 978-89-5586-111-2 04740 : ₩5000
ISBN 978-89-5586-096-2 (세트)

채용 면접[採用面接]

325.337-KDC5
658.31124-DDC21   CIP2010002516

　각종 면접으로 바쁜 여러분들이 영어면접을 충분하
게 준비할 수 있는 시간적 여유를 갖기는 힘들다. 물
론 면접을 보려는 곳이 외국계 기업이라면 시간을 투
자하여 꼼꼼하게 준비해야 할 정도로 영어면접의 비
중이 높겠지만 국내 대기업 정도만 되어도 영어면접
이 최종 합격을 결정짓는 정도는 아니다. 그렇다고 아
예 준비하지 않을 수는 없다. 영어면접도 면접의 한
단계이므로 뭐라도 떠들어야 하긴 한다. 하지만 영어
면접 준비에 많은 시간을 빼앗겨 다른 면접 준비를 소
홀히 하게 되는 상황을 만들고 싶지는 않을 것이다.

그래서 필자는 가장 빨리 영어면접을 준비할 수 있는 방법을 찾게 되었다.

먼저 질문에 대처하는 방법을 알려줄 것이다. 질문에 포함된 단어에 집중하여 질문을 올바르게 이해하고 대응하는 기술을 포함한다.

그 다음으로 가장 빈도수 높은 질문을 주제별로 정리하여 모범 답변을 제시할 것이다. 아직까지 한 번도 영어로 답변을 만들어본 적이 없는 지원자들이 실전에서 적용하기에 충분한 수준으로 구성하였다. 준비해놓은 답변이 있는 지원자라면 모범 답변에서 활용된 단어 및 문장에서 도움을 얻을 수 있을 것이다. 추가적으로 답변시 유의해야 하는 부분과 정확한 공략법도 소개할 것이다.

또한 답변을 적용할 수 있는 다른 유형의 질문들도 함께 알아볼 것이다. 단기간에 준비하는 영어면접이므로 답변을 하나의 질문에만 대입하는 것이 아니라 응용이 가능한 다른 종류의 질문들을 파악하는 것이 중요하다. 그래야만 본인이 예상한 질문이 출제되지 않더라도 준비한 답변을 적절하게 정리하여 답변하는 것이 가능하기 때문이다. 영어면접에서 중요한 것은 주어진 질문에 반드시 영어로만 대답해야 하는 것이니까.

마지막으로 각 주제별로 보너스 문장을 제공할 것이다. 위에서 정리한 모범 답변을 기본 구성으로 이해한 후에 추가적으로 제공하는 문장들을 적절하게 조합하여 본인에게 딱 어울리는 답변을 만들어낼 수 있을 것이다.

| 차 례 |

질문 리스트

Can you introduce yourself?
자신을 소개해주시겠습니까?

Please tell me about yourself.
자신에 대해서 말씀해주시기 바랍니다.

Tell us about your qualities or experience that would be a value to us.
우리에게 가치 있을 만한 당신의 자질이나 경험에 대해서 말씀해주시기 바랍니다.

영어에 자신감이 부족한 경우라면 질문을 100% 이해하기 위해서 주로 질문에 포함된 단어에 집중하게 된다. 그런 측면에서 자기소개는 큰 걱정을 할 필요가 없는 질문이 될 것이다. 어차피 이 질문을 하기 위해서는 'yourself'라고 하는 단어를 빼놓을 수가 없기 때문이다. 정말로 어렵게 질문을 늘리고 꼬아서 묻는다고 해도 'your qualities or experience'와 같이 'your'라는 단어를 포함시킬 수밖에 없다. 따라서 자기소개는 질문 자체를 이해하는 것이 수월한 편에 속한다.

하지만 답변을 만드는 것은 꽤나 까다로울 수 있다. 왜냐하면 자기소개는 어떤 직종, 분야, 부서, 회사를 막론하고 지원자가 사전에 미리 예상하고 준비할 수 있는 질문이 되기 때문이다. 바꿔서 말한다면 그만큼 면접관의 기대치가 높은 질문이라고 할 수 있다.

또 다른 이유는 자기소개가 면접을 시작하는 시점에서 출제되는 질문이기 때문이다. 일반 면접을 볼 때 우리는 자기소개에 정말로 많은 공을 들인다. 1분밖에 되지 않는 '1분 자기소개'를 준비하기 위해서 며칠을 고민하기도 한다. 답변의 내용이나 전략에서 차이가 있기는 하겠지만 영어면접에서도 자기소개는 정말로 중요하다. 그리고 대다수는 영어면접에서의 자기소개를 어떻게 구성해야 하는지 잘 알지 못한다. 일단 모범 답변을 본 후에 세부적으로 설명하도록 하겠다.

모범 답변

Hello, nice to meet you. My name is (본인 이름). First of all, thank you for giving me an opportunity to have this interview with you today. I am applying for the position of (지원 직종). Since I studied (전공명) as a major, I possess a solid knowledge of (관련 과목 1), (관련 과목 2) and (관련 과목 3). Also my relevant work experiences and campus activities have prepared me well for this position. I learned how to adapt myself to a new environment and make successful relationships with others. I would like to show my potential abilities and how I can make a contribution to (지원 회사) through this interview.

안녕하세요, 만나뵙게 되어서 반갑습니다. 제 이름은 (본인 이름)입니다. 먼저 오늘 이 인터뷰 기회를 마련해주신 것에 대해서 감사의 말씀을 드립니다. 저는 (지원 직종)에 지원하고 있습니다. (전공명)을 전공했기 때문에 저는 (관련 과목 1), (관련 과목 2), (관련 과목 3)에 대한 탄탄한 지식을 가지고 있습니다. 또한 저는 관련 업무 경험과 교내 활동으로 이 자리에 잘 맞도록 준비해왔습니다. 저는 새로운 환경에 적응하고 다른 사람들과 성공적인 관계를 맺는 방법을 배웠습니다. 이 인터뷰를 통하여 저의 잠재적인 능력과 제가 (지원 회사)에 어떻게 공헌할 수 있을지를 보여드리고 싶습니다.

답변을 시작하는 것으로 가장 유용한 것은 정중한 인사말이다. 인사와 함께 자신의 이름을 알리면서 면접의 기회를 준 것에 대한 감사의 말을 전한다. 그런 후에 본격적인 자신의 경쟁력을 전달하는 내용을 핵심 메시지로 담는다. 물론 대기업의 '1분 자기소개'와 같이 개성 있으면서 면접관의 이목을 집중시킬 수 있는 멘트를 담는 방법도 있기는 하지만 영어면접이기 때문에 메시지 자체를 보다 직설적으로 전달하는 것이 유리하다. 또 영어로 문장을 만들고 말해야 한다는 부담감도 있으므로 아무래도 자신의 경쟁력을 깔끔하게 전달하는 편이 나을 것이다.

자기소개에서 핵심 경쟁력을 정리하여 전달하는 이유는 한 가지가 더 있다. 바로 면접관에게 힌트를 제공하기 위해서이다. 영어면접관 출신인 필자가 실제 영어면접이나 모의 영어면접을 통하여 알아낸 것이 있는데, 여러분들이 영어면접을 두려워하는 가장 큰 이유가 바로 그 다음으로 어떤 질문이 나올지 모르기 때문이라는 것이다. 예를 들어서 자기소개를 무사히 마치면 다음 질문으로 무엇을 물을 것인지에 대한 부담감과 공포감이 영어면접에서의 가장 큰 어려움이 되는 것이다.

따라서 위에서 정리한 모범 답변처럼 핵심 경쟁력을 미리 잡아서 공개하게 되면 면접관이 답변에 포함된 '학력 배경, 관련 업무 경험, 교내 활동' 등에 대한 궁금증을 풀려고 시도할 확률이 높다. 물론 면접관이 반드시 힌트에 걸려든다는 보장은 없지만 바로 다음 질문이 아니더라도 면접 중에 관련 질문을 던지게 될 확률 역시 높을 수 있다. 이런 방법을 활용한다면 자기소개에서 우선 힌트를 던져 놓고 '학력 배경, 관련 업무 경험, 교내 활동' 등에 대한 세부적인 답변을 준비해두는 것만으로도 지원자는 영어면접에 대한 두려움을 상당 부분 떨쳐낼 수 있다. 영어면접에서는 이러한 심리적인 부담이 생각보다 큰 비중을 차지한다. 두려움만 없앨 수 있어도 준비한 만큼의 결과는 볼 수 있다는 것이 필자의 생각이다.

답변의 마무리 역시 중요하다. 하지만 상당수의 지원자들이 자기소개의 끝을 맺지 못한다. 그저 멍하니 있다가 면접관이 끝났냐고 물을 때까지 기다리거나 아니면 'Thank you'라고 말해버린다. 실제로 면접에서 모든 답변의 마무리를 맺지 못할 경우에 무조건 'Thank you'로 일관해버리는 경우가 많더라. 하지만 이래서는 뭔가 강한 impact를 전달하기 어렵다. 특히 면접의 가장 처음 질문으로 나오는 자기소개의 마무리를 어영부영 넘길 수는 없는 노릇이다.

모범 답변에서 보는 것과 같이 'I would like to show my potential abilities and how I can make a contribution to (지원 회사) through this interview.' 정도의 문장은 만들어줄 필요가 있다. 면접 질문은 많이 남아 있으므로 앞으로 받게 될 질문들을 통하여 자신의 잠재적인 능력과 공헌을 증명해낼 것이라는 의지를 자기소개에서 담아주는 것이다.

그런데 정작 중요한 문제가 남아 있다. 정말로 열심히 자기소개 답변을 준비했는데 면접관이 묻지 않으면 어떻게 해야 할까? 특히 자기소개는 너무나도 뻔한 질문이어서 영어면접에서 자기소개는 묻지 않는다고 공공연하게 말하는 기업들도 있다. 단기간에 영어면접을 준비해야 하는 이 시점에서 준비한 답변 하나를 날려버리게 된다면 정말로 난감한 문제가 아닐 수 없다. 그래서 필자는 여러분들이 정성스레 준비한 답변을 재활용할 수 있는 방법을 소개하고자 한다.

답변 적용이 가능한 다른 유형의 질문들

Tell me about your educational background.
당신의 교육 배경에 대해서 말씀해주시기 바랍니다.

What kinds of skills were you able to develop through your responsibilities?
당신의 책임들을 통하여 어떤 종류의 기술들을 개발할 수 있었습니까?

How would your educational background or experiences help you do the job of (지원 직종)?
당신의 경험은 당신이 (지원 직종)의 일을 하는 것을 어떻게 도울 수 있다고 보십니까?

Do you think you are qualified enough to work with us?
우리와 일하기에 충분하다고 생각하십니까?

　물론 답변 전체를 고스란히 옮겨서 100% 적용할 수 있는 것은 아니겠다. 하지만 앞에서도 말했듯이 영어 면접은 그 다음으로 어떤 질문이 나올지 모르기 때문에 어렵다. 특별히 돌발적이거나 압박적인 질문이 아니더라도 질문을 받고 그것에 대한 적절한 내용을 생각하면서 입에서는 영어로 답변을 뽑아내야만 한다. 따라서 어떤 이야기를 할 것인지, 즉 답변의 핵심 주제에 대한 바탕만 마련되어 있어도 답변을 만드는 작업은 훨씬 수월해진다.

　자기소개에서 학력 배경과 관련 경험을 언급하여 핵심적인 경쟁력을 정리했다면 'Tell me about your educational background.'나 'How would your educational background or experiences help you do the job of (지원 직종)?'과 같은 질문에 대한 답변을 할 수 있는 기본적인 주제는 준비가 되었다고 볼 수 있다. 일단 어떻게 답변을 시작해야 하는지 알고 있으므로 크게 당황하지 않고 적절한 답변을 만들 수 있을 것이다.

'Do you think you are qualified enough to work with us?'와 같이 지원자의 핵심 경쟁력을 묻는 질문이나 'What kinds of skills were you able to develop through your responsibilities?'처럼 관련 기술을 묻는 질문 역시 대응이 가능할 것이다. 자기소개에서 인사말과 마무리 멘트만 제하고 본다면 그 자체로 자신의 핵심 경쟁력이자 관련 기술이 되기 때문이다.

이렇게 조금만 생각을 달리 접근한다면 영어면접에서 자신이 준비한 하나의 답변으로 최소한 3~4개의 다른 질문을 커버할 수 있을 것이다. 준비한 답변이 10개라면 물론 훨씬 더 많은 질문에 대응이 가능할 것이고 성공적으로 영어면접을 마칠 수 있을 것이라고 필자는 믿는다.

Hello, nice to meet you. First of all, it is a great pleasure to be here today.

안녕하세요, 만나 뵙게 되어서 반갑습니다. 먼저 오늘 이 자리에 있을 수 있어서 너무나 기쁩니다.

I would like to thank you for arranging this interview for me today.

오늘 저를 위해 이 면접을 마련해주신 것에 대해 감사드리고 싶습니다.

I obtained my bachelor's degree in (전공명) from (학교명) University in (졸업 연도) and completed my internship at the (부서명) department of (회사명) in (인턴십 마친 연도).

저는 (졸업 연도)년도에 (학교명) 대학교에서 (전공명) 학사 학위를 취득하였고 (인턴십 마친 연도)년도에는 (회사명) 의 (부서명) 부서에서 인턴십을 완료하였습니다.

My past experiences including education, internship and extracurricular activity have prepared me well for this position.

저의 학력 배경, 인턴십, 과외 활동을 포함한 과거 경험을 통하여 이 일을 잘 준비하여 왔습니다.

I will keep developing my skills and abilities further to enhance my values as an employee of your company.
저는 귀사의 사원으로서 저의 가치를 높이기 위해서 저의 기술과 능력을 계속해서 더 기를 것입니다.

I will make a significant contribution to your company while always giving myself new challenges.
저는 항상 새로운 도전을 하면서 귀사에 중대한 공헌을 할 것입니다.

Based on my enthusiasm and interest, I would like to be a competent member of your company.
저의 열정과 관심을 바탕으로, 저는 귀사의 유능한 일원이 되기를 원합니다.

U·n·i·t 02 학교 생활

학교 생활은 자기소개와는 접근이 조금 다르다. 자기소개는 면접관의 입장에서 만들어낼 수 있는 질문에 한계가 있고 활용할 수 있는 단어 역시 제한적이다. 하지만 학교 생활은 질문을 만들 수 있는 범위가 넓기 때문에 그만큼 다양한 질문으로 공격받을 수 있다.

Tell me about your educational background.
당신의 교육 배경에 대해서 말씀해주시기 바랍니다.

How will the academic program and coursework
you've taken benefit your career?
당신이 이수한 대학 프로그램이나 수업이 당신의 일에
어떤 도움을 줄 것이라고 보십니까?

What kinds of extracurricular activities have you
participated in?
어떤 종류의 과외 활동에 참여하셨습니까?

질문 리스트에서 보는 것과 같이 순수한 교육 배경
을 묻는 것도 있고 구체적인 과목을 통한 지식적인 배
경을 알아보고자 하는 질문도 있다. 범위가 조금 더
확대되면 과외 활동까지 포함하게 된다. 말이 과외 활
동이지 여기에는 동아리, 학생회, 봉사 활동 등 온갖
경험이나 활동이 들어간다. 따라서 학교와 관련된 모

든 내용이 학교 생활에서 출제될 수 있는 것이다.

'educational background'라는 단어를 포함하는 질
문은 전공을 바탕으로 한 지식 배경을 어필해야 한다.
물론 모든 교육 배경을 포함할 정도로 범위가 넓은 단
어이기는 하지만 아무래도 지원 회사는 전공 관련 지
식을 통한 지원자의 기본 바탕에 더 큰 관심을 두고
있을 것이다. 따라서 당연히 핵심 과목을 통한 지식
경쟁력을 정리해야 하겠다.

'academic program and coursework'는 조금 더 구
체적인 지식 배경을 묻는 단어이다. 그런데 'How
will the academic program and coursework you've
taken benefit your career?'와 같은 질문에 올바르게
답변하려면 단순하게 이수한 대학 프로그램이나 수업
을 나열하는 선에서 그쳐서는 안 된다. 질문의 요지는
내가 이수한 대학 프로그램이나 수업이 내가 지금 지
원하는 일에 어떤 도움을 줄 수 있을 것인지를 파악하
는 것이다. 이것은 적용(application) 부분인데 면접에

서 나오는 모든 질문에 대한 답변에는 적용 부분이 포함되어야 한다. 그래야지만 이수한 대학 프로그램과 수업이라는 증거를 통하여 자신이 훌륭한 지원자라는 주장과 의견을 전달할 수 있는 것이다.

바로 앞에서 나온 'Tell me about your educational background.'라는 질문에도 적용 부분이 필요하다. 하지만 이 질문에서는 구체적인 적용을 암시하는 내용이 포함되어 있지 않고 단순하게 교육 배경을 말하라고만 하기 때문에 많은 지원자들이 그저 증거를 제시하는 수준에서만 답변을 만들고 만다. 'What kinds of extracurricular activities have you participated in?' 라는 질문도 언뜻 보면 그저 과외 활동을 나열하라는 질문처럼 보이지만 그러한 증거는 사실 이력서를 통해서도 충분히 얻을 수 있는 정도이다. 면접을 통해서는 이력서 이상의 정보를 전달해주어야만 한다.

모범 답변을 통하여 적용 부분이 어떻게 활용되는지 꼼꼼하게 살펴보자.

모범 답변 1

I am majoring in (전공명) at (학교명) university. Studying various courses such as (관련 과목 1), (관련 과목 2) and (관련 과목 3), I developed a comprehensive understanding of this field and prepared myself for this position. Since I tried my best, I could achieve such an outstanding result and this proves my integrity. I believe my educational background will enhance my value as an employee and enable me to perform this job better than any other candidates. I will stay competitive at the workplace and continue to make my greatest effort at any moment.

저는 (학교명) 대학교에서 (전공명)를 전공하고 있습니다. (관련 과목 1), (관련 과목 2), (관련 과목 3)과 같은 여러 과목들을 공부하면서 저는 이 분야에 대한 포괄적인 지식을 길렀고 이 자리에 맞도록 준비하였습니다. 저는 최선을 다하였으므로 뛰어난 결과를 얻을 수 있었고 이것은 저의 성실함을 증명해줍니다. 저의 교육 배경은 직원으로서 저의 가치를 높여줄 것이고 다른 어떤 지원자들보다 제가 이 일을 더 잘 수행할 수 있도록 해줄 것이라고 믿습

니다. 저는 직장에서 경쟁력을 유지할 것이고 어떤 순간
에도 최대의 노력을 계속할 것입니다.

'모범 답변 1'은 순수한 교육 배경에 대한 내용이
다. 학교 이름과 전공, 관련 과목을 나열해주는 것으
로 충분한 증거를 제시해주고 있다. 그리고 이러한 교
육 배경을 통하여 지원 분야에 대한 포괄적인 지식을
길렀다는 것으로 적용 부분을 보여준다. 또한 가치,
경쟁력, 노력 등의 단어를 활용하는 문장을 통하여 훨
씬 더 강하고 구체적인 적용으로 답변을 마무리하고
있는 것을 볼 수 있다. 일반적인 교육 배경을 묻는 질
문에도 적절하고 구체적인 수업을 요구하는 질문에도
자연스러운 수준의 답변이다.

모범 답변 2

During my college years, I actively participated in various extracurricular activities such (과외 활동 1), (과외 활동 2) and (과외 활동 3). From (과외 활동 1), I developed my leadership skills. Also I was able to improve my interpersonal and communication skills from (과외 활동 2) and (과외 활동 3). These activities taught me that teamwork is the most powerful tool to obtain a common goal. I think I learned essential qualities to perform this job efficiently and make excellent relationships with other members.

대학시절 동안에 저는 (과외 활동 1), (과외 활동 2), (과외 활동 3)과 같은 여러 과외 활동에 적극적으로 참여하였습니다. (과외 활동 1)을 통하여 저는 리더십을 길렀습니다. 또한 (과외 활동 2)와 (과외 활동 3)을 통해서는 대인관계 능력과 의사소통 능력을 향상시킬 수 있었습니다. 이러한 활동들은 저에게 팀워크가 공통의 목표를 이루기 위한 가장 강력한 수단이라는 것을 알려주었습니다. 저는 이 일을 능률적으로 수행하고 다른 일원들과 훌륭한 관계를 맺을 수 있는 필수적인 자질들을 배웠다고 생각합니다.

'모범 답변 2'는 과외 활동에 대한 답변이다. 역시 적용 부분을 신경 써서 답변했는데 우선 각각의 과외 활동을 통해서 얻은 자질을 정리해주고 있다. 그런 다음에 팀워크, 능률적인 일 처리, 대인 관계 등의 자질을 어필하며 큰 경쟁력을 만들어냈다. 면접관의 궁금증을 한 번에 해결해줄 수 있을 정도의 답변이 된다.

하지만 적용 부분만을 포함한다고 해서 모든 학교 생활의 답변을 쉽게 풀어갈 수 있는 것은 아니다. 학교 생활은 구체적인 증거를 제시해야만 하는 답변이기 때문에 면접관 역시 구체적인 이야기를 더 듣기 원한다. 따라서 지원자가 답변한 내용 안에서 새로운 질문거리를 찾아내서 반격을 시도하는데 이런 종류의 질문을 꼬리 질문이라고 부른다.

그렇다고 꼬리 질문이 면접관에게만 절대적으로 유리하지는 않다. 면접관의 꼬리 질문에 적절하게 대응하기만 한다면 자신에 대한 더욱 상세한 정보를 전달할 수 있기 때문에 지원자 역시 더 많은 경쟁력을 어필

할 수 있다. 따라서 일단 답변을 준비한 이후에 면접
관이 더 궁금해 할 만한 사항이 남아있는지를 확인하
여 꼬리 질문을 미리 예상해보는 시간을 갖는 것이 학
교 생활의 질문에 대응하는 가장 효과적인 방법이다.

답변 적용이 가능한 다른 유형의 질문들

Tell me about strong points that can help you perform in this position.
당신이 이 자리에서 일을 수행하는 것을 도울 수 있는 장점에 대해서 말씀해주시기 바랍니다.

Why would you be particularly good at this business?
왜 당신은 특히 이 일을 잘할 거라고 보십니까?

How have you prepared yourself for your career?
당신의 커리어를 위하여 당신을 어떻게 준비시켰습니까?

학교 생활에서 답변한 전공이나 관련 수업은 그 자체로 지식 경쟁력이 될 수 있으므로 자신의 장점으로 활용이 가능하다. 따라서 'Tell me about strong points that can help you perform in this position.' 또는 'Why would you be particularly good at this business?'와 같은 질문에 적용해볼 수 있겠다. 과외 활동 역시 지원 분야의 일을 잘 할 수 있는 증거를 댈수 있고 커리어를 위해서 준비한 과정이 될 수도 있다는 점에서 반드시 학교 생활에 대한 질문이 아니더라도 재활용해볼 수 있겠다.

'What kinds of relevant experience do you have?' 라는 질문을 포함시킨 이유는 관련 경험이 없을 수 있기 때문이다. 관련 경험이 없으면 관련이 없는 경험으로라도 답변을 만들어야 하는데 이마저도 부족하다면 과외 활동에서 적용 가능한 내용을 얻어낼 수 있을 것이다. 하지만 관련도가 멀어 보이는 과외 활동이라면 답변이 상당히 어설프게 나올 확률이 높기 때문에 아예 전공 관련한 지식 배경을 활용하는 것도 나쁘지 않다. 물론 이런 경우라면 관련 경험이 없다는 것을 솔직하게 말한 후에 지식 배경은 갖추고 있다는 것으로 어필하는 방법이 되겠다. 이가 없으면 잇몸으로라도 부딪혀야 한다는 것을 기억하자.

보너스 문장

I have learned not only the fundamental knowledge of (관련 분야) but also a certain set of practical work skills that I can apply to (지원 직종) job at (대학명).

저는 (대학명)에서 (지원 직종) 업무에 적용할 수 있는 (관련 분야)에 대한 근본적인 지식뿐만 아니라 특정 실무 능력도 배웠습니다.

I am majoring in (전공명) at (학교명) so I can transfer my knowledge of (관련 분야) to this field successfully.
저는 (학교명) 대학교에서 (전공명)을 전공하고 있습니다. 그래서 (관련 분야)에 대한 저의 지식을 이 분야에 성공적으로 적용할 수 있습니다.

My knowledge of (관련 분야 1) and (관련 분야 2) that I learned in my (과목명) course will be very helpful for me to work smarter and easier for your company.
또한 (과목명) 수업에서 배웠던 (관련 분야 1)와 (관련 분야 2)에 대한 지식은 제가 귀사를 위하여 더 영리하고 더 쉽게 일하는 데 많은 도움이 될 것입니다.

I was able to experience various team projects in my classes and acted as a team leader for a couple of projects.
저의 수업에서 여러 팀 프로젝트를 경험할 수 있었고 몇몇 프로젝트에서는 팀 리더로 활동을 하였습니다.

As a project leader, I communicated with other members, gave presentations and introduced my projects to other classmates.

프로젝트 리더로서 저는 다른 일원들과 의사소통을 하였고, 프레젠테이션을 하였고 다른 학우들에게 저의 프로젝트를 소개하였습니다.

Although I don't have any field experience yet, I am a candidate who can learn new things quickly and adapt myself to new concepts efficiently.

비록 아직까지 어떤 현장 경험도 없지만 저는 새로운 것들을 빠르게 배울 수 있고 새로운 개념들에 효과적으로 순응할 수 있는 지원자입니다.

Studying (과목명 1) and (과목명 2) courses, I learned a fundamental but concrete knowledge of (지원 업무) as well as the (지원 분야) industry.

(과목명 1)과 (과목명 2) 과목을 공부하면서, 저는 (지원 분야) 산업뿐만 아니라 (지원 업무)에 대한 근본적이지만 구체적인 지식을 배웠습니다.

While managing various events and other members as a leader of a campus (동아리명) club, I was able to develop strong leadership and teamwork skills.

교내 (동아리명) 동아리의 리더로 다양한 행사들과 다른 일원들을 관리하면서 저는 뛰어난 리더십과 팀워크 능력을 기를 수 있었습니다.

U·n·i·t 03   사회 경험

질문 리스트

What kinds of relevant experience do you have?
어떤 종류의 관련 경험이 있습니까?

Give us a brief overview of your part-time
employment.
당신의 파트타임 일에 대한 간략한 소개를 부탁드립니다.

How does your work experience benefit you in
this career?
당신의 업무 경험은 당신이 이 일을 하는 데 어떤 도움이
됩니까?

자기소개는 미리 예측이 가능한 질문이므로 신경
써서 답변을 만들 필요가 있다고 했다. 그런 측면에서
본다면 사회 경험은 답변을 만드는 작업이 조금은 쉬
울 수 있는 질문에 속한다. 왜냐하면 답변을 구성하기
위한 대부분의 소스가 fact로 머릿속에 저장되어 있기
때문이다. 우리가 이전에 경험해봤던 대부분의 이야
기는 fact 그 자체로 입력되기 때문에 나중에 관련 질
문을 받았을 때 기억을 더듬어서 답변하는 것이 쉬워
지는 것이다. 아무런 준비 없이 지금 바로 자기소개와
사회 경험에 대한 답변을 해보면 어떤 질문이 더 쉬운
지 알 수 있을 것이다.

하지만 답변을 만들기 쉽다고 여기에서 모든 것이
끝나는 것은 당연히 아니겠다. 사회 경험은 자신의 경
쟁력을 정리하여 전달하는 것이 정말로 중요한 질문
이기 때문에 구체적인 경험을 통하여 적용 부분을 만
들 필요가 있다. 질문을 보자면 관련 경험을 물을 때
에는 'relevant'라는 단어를 통하여 확실하게 관련이

있는 경험을 말하라고 요구한다. 그렇지 않으면 'part-time employment'나 'your work experience' 등의 단어를 통하여 사회 경험을 묻는다. 따라서 답변을 만드는 데 가장 중요한 것은 사회 경험의 관련도가 얼마나 높은지를 파악하는 것이다.

모범 답변 1

As a part-time assistant at the (근무 부서) team in (근무 회사), I was responsible for assisting in (본인 업무 1), (본인 업무 2) and (본인 업무 3). I performed given duties on time, understood what I had to do perfectly and learned the overall workflow of this field. So I made a good impression and was recognized as a competent and reliable member at the workplace. From this real-world experience, I realized that I have an aptitude for this job and enjoy my duties very much. Moreover I established a plan for achieving my long-term objective in this field.

(근무 회사)의 (근무 부서) 파트타임 보조로서, 저는 (본인 업무 1), (본인 업무 2), (본인 업무 3)을 보조하는 책임을 맡았습니다. 주어진 임무를 제때 수행하였고, 제가 무엇을 해야 하는지 완벽하게 이해하였으며 이 분야의 전체적인 업무 흐름을 배웠습니다. 그래서 직장에서 강한 인상을 주었으며 유능하고 믿음직한 직원으로 인정받았습니다. 이러한 사회 경험으로부터 제가 이 일에 적성이 있고 저의 임무를 매우 즐긴다는 것을 깨달았습니다. 게다가 이 분야에서 장기적인 목표를 이루기 위한 계획도 세웠습니다.

위의 모범 답변은 관련도가 높은 편에 속하는 사회 경험을 바탕으로 구성하였다. 여기에서 관련도란 당연히 지원 회사, 직종, 분야, 업무에 얼마만큼 접근할 수 있는지의 정도를 말하는 것이겠다. 파트타임 보조로서 수행했던 다양한 업무를 통하여 지원 분야의 전체적인 업무 흐름을 배웠다는 적용 부분이 전달되고 있다. 이렇게 지원 분야와 관련도가 높은 업무를 경험했다면 위의 답변에서 시도한 것처럼 지원 분야에 대한 적성, 관심, 열정 등을 아주 자연스럽게 전달할 수 있다는 이점이 있다.

하지만 모든 지원자가 관련도 높은 사회 경험을 가지고 있는 것은 아니다. 질문 리스트에서 보는 바와 같이 면접관이 'part-time employment'나 'your work experience'를 포함하여 질문하게 되면 일단은 최대한의 연관성을 찾아내는 작업을 거쳐야만 한다. 그래야만 내가 했던 사회 경험이 지금 지원하는 분야에 도움이 된다는 증거를 바탕으로 나의 경쟁력을 하나라도 더 만들 수 있으니까 말이다. 그런데 이 작업은 그래도 어느 정도의 연결고리를 찾아낼 수 있는 상황에서나 가능한 것이다. 아무리 분석해 봐도 연결 지을 수 있는 내용을 찾기 어렵다면 어설프게 시도하는 것보다 차라리 포기하는 것이 현명하다.

모범 답변 2

I don't have any relevant work experiences yet. But I do have an experience working as an intern at (근무 회사). This work experience gave me a great chance to develop the sense of performing duties belonging to an organization. I learned how to adapt myself to new concepts, perform my responsibilities and work together with other members. Also I developed my communication and problem-solving skills by meeting various professionals and customers. I am convinced that I possess essential skills and qualities that I will be able to apply to your (지원 부서) department.

저는 아직 어떤 관련 업무 경험도 없습니다. 하지만 저는 (근무 회사)에서 인턴으로 일한 경험이 있습니다. 이 업무 경험은 조직에 속해서 임무를 수행하는 감각을 기를 수 있는 중요한 기회가 되었습니다. 저는 새로운 콘셉트에 적응하고 저의 임무를 수행하며 다른 일원들과 함께 일하는 방법을 배웠습니다. 또한 여러 전문가들과 고객들을 만남으로써 의사소통 능력과 문제해결 능력을 길렀습니다. 저는 귀사의 (지원 부서)에 적용할 수 있는 필수적인 기술과 자질을 갖추고 있다고 확신합니다.

그렇다고 답변 자체를 포기하라는 뜻은 절대 아니
다. 사회 경험을 알리되 애써 연결을 짓지 말고 그저
사회 경험 자체에만 초점을 맞추자는 것이다. '모범
답변 2'를 보면 인턴의 경험이 있기는 하지만 이것은
관련 경험이 아니므로 '모범 답변 1'과는 접근법이 다
르다. 조직에서 임무를 수행하는 감각이나 적응력, 팀
워크, 문제 해결 및 의사소통 능력 등 일반적으로 갖
추어야 하는 자질에 초점을 맞추고 있다. 만약에 관련
이 없다고 해서 적용 부분 없이 fact만 나열한다면 면
접관의 궁금증을 해소해주지 못할 것이다.

　지원자가 갖추어야 하는 자질을 정리하는 것이 너
무 일반적이라는 생각이 든다면 신입 사원으로서의
자세나 자질을 정리해보는 것도 괜찮은 방법이다. 최
근 신입 사원들은 끈기, 참을성, 헌신, 예절 등이 부족

하다는 의견들이 많으니까 사회 경험을 통하여 이러한 자질을 배웠다는 식으로 방향을 잡는 것이다. 마지막으로 사회 경험도 학교 생활처럼 꼬리 질문이 달릴 가능성이 높으므로 자신의 답변을 꼼꼼하게 분석해보는 작업을 거쳐야 한다는 것도 잊어서는 안 되겠다.

답변 적용이 가능한 다른 유형의 질문들

Tell me about your duties at the previous workplace.
이전 직장에서 당신의 임무에 대해서 말씀해주시기 바랍니다.

How will the academic program and coursework you've taken benefit your career?
당신이 이수한 대학 프로그램이나 수업이 당신의 일에 어떤 도움을 줄 거라 보십니까?

What kinds of skills were you able to develop

through your responsibilities?
당신의 책임들을 통하여 어떤 종류의 기술들을 개발할
수 있었습니까?

**Do you think you are qualified enough to work
with us?**
우리와 일하기에 충분하다고 생각하십니까?

　사회 경험 답변을 적용할 수 있는 다른 유형의 질문
에 'Tell me about your duties at the previous
workplace'를 넣은 이유는 최근 들어서 짧은 경력을
갖춘 신입들이 많이 늘고 있기 때문이다. 1년 미만의
경력을 갖추기는 했지만 경력을 활용하기 부족하여
신입으로 지원하거나 1년 미만의 경력과 전혀 관계없
는 새로운 분야를 찾는 경우라 하겠다. 어찌됐든 1년
미만의 경력을 갖추었다는 것은 관련도에 따라서 충
분히 활용이 가능한 사회 경험이 될 수 있을 것이다.

'How will the academic program and coursework you've taken benefit your career?'는 내세울 수 있는 학교 생활이 없을 경우 사회 경험으로 대응할 수 있는 질문이다. 학교 생활에서 'What kinds of relevant experience do you have?'에 대한 답변을 만들지 못할 경우에 전공을 통한 관련 지식으로 대응하는 것과 마찬가지이다. 필자가 사회 경험을 관련도에 따라 분류하여 설명한 것은 어떤 사회 경험일지라도 적용 부분을 만들어낼 수 있다는 것을 보여주기 위함이었다. 따라서 자신의 사회 경험을 통하여 답변만 준비할 수 있다면 이처럼 학교 생활에 대한 질문에도 적용해볼 수 있을 것이다. 지식과 경험은 경쟁력을 이루는 하나의 세트가 되기 때문에 하나가 부족할 경우 다른 하나로 충분히 대응할 수 있는 것이다.

I established a career plan for achieving my long-term objective in this field through my internship.

저는 인턴십을 통하여 이 분야에서 장기 목표를 이루기 위한 직업 계획을 세웠습니다.

Although I was a part-time employee, I concentrated much of my passion and energy on performing the given responsibilities successfully.

비록 제가 파트타임이기는 하지만 주어진 임무들을 성공적으로 수행하는 데 저의 모든 열정과 힘을 집중하였습니다.

From this real-world experience, I developed a comprehensive understanding of a general workflow in an organization.

이 사회 경험으로부터 저는 조직의 일반적인 업무 흐름에 대한 포괄적인 지식을 얻었습니다.

I just graduated from college so I don't have any relevant work experiences yet. But I am

confident I can perform responsibilities of (지원 직
종) because I've prepared myself up until now.

저는 이제 막 대학을 졸업했기 때문에 아직 어떤 관련 경
험도 없습니다. 하지만 저는 지금까지 제 자신을 준비해
왔기 때문에 (지원 직종)의 임무를 수행할 수 있을 거라고
확신합니다.

Based on this experience, I will adapt myself to a
new corporate culture and duties easily.

이러한 경험을 바탕으로 저는 새로운 회사 문화와 임무
에 쉽게 순응할 것입니다.

From such experience, I gained a great deal of
substantial experience in the (지원 업계) industry.
And meeting various kinds of people, I learned
communication and interpersonal skills.

이러한 경험으로부터 저는 (지원 업계) 업계에서 많은 실
질적인 경험을 얻었습니다. 그리고 다양한 종류의 사람들
을 만나면서 의사소통과 대인 관계 능력을 배웠습니다.

I know how to deal with other members and
customers effectively based on my honesty,

sincerity, common sense and politeness.
저는 저의 정직함, 성실함, 상식과 공손함을 바탕으로 다른 일원들과 고객들을 효과적으로 다루는 방법을 알고 있습니다.

Now, I would like to utilize my relevant experience and knowledge for the ongoing success of (지원 회사).
지금 저는 (지원 회사)의 지속적인 성공을 위하여 저의 관련 경험과 지식을 활용하기를 원합니다.

강점/장점

강점/장점은 질문의 구성이 어려운 편도 아니고 그 범위가 넓지도 않다. 하지만 강점/장점은 면접관이 다양한 방법으로 질문을 만들어낼 수 있다는 어려움이 있다.

질문 리스트

What are your strong points?
당신의 장점은 무엇입니까?

Where do you think your strengths lie?
당신의 강점은 어디에 있다고 보십니까?

Tell me about strong points that can help you perform in this position.
당신이 이 자리에서 일을 수행하는 것을 도울 수 있는 장점에 대해서 말씀해 주시기 바랍니다.

    우리가 강점/장점의 질문에서 가장 흔하게 볼 수 있는 단어는 'strong point' 아니면 'strength'이다. 따라서 면접관이 다른 방식으로 질문을 던지면 적잖이 당황하게 되는데 그 이유는 두 가지가 있다. 하나는 다른 방식의 질문에 익숙하지 않기 때문이다. 예를 들어서 'What sets you apart from the others?(당신은 다른 사람들과 어떻게 다릅니까?)'와 같은 질문은 일상적인 대화에서 자주 등장하는 질문이 아니므로 나의 어떤 면을 전달해야 하는지 감을 잡기가 쉽지 않다. 이건 사실 면접관이 일부러 질문을 어렵게 던지는 것도 아니고 그냥 자신의 기호에 따라서 질문할 뿐이다. 하지만 우리에게 익숙한 단어가 포함되어 있지 않기 때문에 이해하기 어려운 것이다.

또 다른 하나의 이유는 강점/장점의 질문에는 반드시 성격에 기반을 둔 답변을 만들어야 한다는 고정관념 때문이다. 'Why do we have to hire you instead of other excellent candidates?(왜 우리가 다른 훌륭한 지원자들을 두고 당신을 채용해야 합니까?)'나 'What qualities do you have for this position?(이 일에 어울리는 어떤 자질을 갖추고 있습니까?)'와 같은 질문 역시 지원자의 강점/장점을 묻고 있지만 성격에만 기반을 둔다면 답변을 만들기 쉽지 않다. 지금까지 필자가 나열한 어떤 강점/장점에 대한 질문도 지원자의 성격만을 말하라고는 하지 않았다. 따라서 답변의 내용을 나의 전체적인 경쟁력까지 확대시켜줄 필요가 있는 것이다.

모범 답변 1

I possess a strong sense of responsibility. When I have the responsibility for a job, I take it seriously and put my utmost until I complete it perfectly. Achieving my goal gives me personal satisfaction. Also I keep my words under any situations so I can give trust to others and form a strong bond with them. I guarantee that I will be able to apply this personality to finish my duties accurately as (지원 직종). I will go the extra mile, work the extra hour and give what is needed for your company.

저는 강한 책임감을 지니고 있습니다. 일에 대한 책임이 있을 때 저는 진지하고 임하고 그 일을 완벽하게 완료할 때까지 최선을 다합니다. 저의 목표를 달성하는 것은 개인적인 만족감을 줍니다. 또한 저는 어떤 상황에서도 약속을 지켜서 다른 사람들에게 신뢰를 주고 그들과 강한 유대를 형성할 수 있습니다. (지원 직종)으로서 저의 임무를 정확하게 마치기 위하여 이러한 성격을 적용할 수 있을 거라고 확언합니다. 저는 더 많이 노력하고 더 오래 일하고 귀사를 위하여 필요한 것을 드릴 것입니다.

위의 답변은 일반적인 성격을 활용해서 경쟁력을 만들고 있다. 하지만 강한 책임감이라는 성격을 통하여 얻어지는 완벽한 일 처리, 목표 달성, 대인 관계 등은 업무상 반드시 필요하고 중요한 자질들이 된다. 시작은 일반적이었지만 적용 부분은 구체적이고 실용적이라 할 수 있다. 이 정도의 답변을 구성할 수 있다면 질문 리스트에 있는 'Tell me about strong points that can help you perform in this position.'처럼 구체적인 적용 부분을 대놓고 묻는 질문에도 유용하겠다.

모범 답변 2

My greatest strength is my flexibility and adaptability. Based on my intellectual curiosity, I am never afraid of giving myself new challenges and changes. So I am able to master new responsibilities and make excellent relationships with anyone within a short-period. Basically, I know how to meet different demands of a job and deal with ever-changing conditions. When facing new responsibilities, I analyze new factors, set a goal, find out the best approach and take an action to achieve my goal.

저의 가장 큰 장점은 융통성과 적응력입니다. 지적 호기심을 바탕으로 저는 새로운 도전과 변화를 주는 것을 절대로 두려워하지 않습니다. 그래서 단기간에 새로운 임무들을 통달하고 누구와도 훌륭한 관계를 맺을 수 있습니다. 기본적으로 저는 일의 다양한 요구를 만족시키고 끊임없이 변하는 상황을 다루는 방법을 알고 있습니다. 새로운 임무에 직면할 때 저는 새로운 요소들을 분석하고 목표를 정하고 최상의 접근을 찾아서 저의 목표를 이루기 위한 행동을 취합니다.

'모범 답변 2'도 다소 일반적인 성격으로 이야기를 시작하고는 있지만 적용 부분을 업무에 맞춰서 잘 구성하고 있다. 단기간에 임무를 통달하는 능력이나 변화에 대한 적응력, 목표 달성을 위한 과정 등은 업무 상 필요한 요소들이 된다. 일반적인 성격을 장점으로 내세웠다고 해서 적용 부분까지 일반적인 내용들로 구성한다면 그것은 지원 분야, 직종, 회사 등에 대한 경쟁력이 아니라 그저 그런 장점으로 보일 수도 있다 는 것을 명심하도록 하자.

모법 답변 3

I am unique and creative so I enjoy trying new concepts, ideas and tools for everything I do. Based on my creative thinking, I know how to find out innovative approaches to my job. More specifically, I analyze situations, write down new ideas, apply those ideas and attain my goal. Since this position requires uniqueness and creativeness, I am sure I will be able to utilize my conceptual skills and an ability to translate ideas into realities.

저는 독특하고 창의적이어서 제가 하는 모든 것에 새로운 콘셉트, 아이디어, 수단을 시도하는 것을 즐깁니다. 창의적인 사고를 바탕으로 저의 일에 혁신적인 접근을 찾아내는 방법을 알고 있습니다. 더 상세하게 저는 상황을 분석하고 새로운 아이디어를 기재하고 그러한 아이디어를 적용하고 저의 목표를 달성합니다. 이 일은 독특함과 창의성을 요하기 때문에 저의 개념적인 기술과 아이디어를 현실로 바꾸는 능력을 활용할 수 있을 것이라고 확신합니다.

위 답변은 조금 더 구체적인 접근을 시도하고 있다. 독특함과 창의성을 요하는 일에 어울리는 창의적이고 혁신적인 사고를 전달하고 있는데 광고, 홍보 등의 업무에도 적용할 수 있을 것이고 디자인이나 개발 등의 분야에도 충분히 어필할 수 있겠다. 또한 최근에는 많은 기업들이 창의를 인재상으로 내세우고 있거나 창의적인 사고를 갖춘 지원자를 선호하는 추세이므로 기업의 인재상이나 업무 철학, 비전 등과 연결 지어서 어필하는 방법으로도 유용할 것이다.

모범 답변 4

I possess friendly and outgoing nature. This
personality allows me to mingle well with
everyone. Through my internship experience, I
have met diverse levels of people working in this
industry. While dealing with them, I have
improved persuading skills, along with my
interpersonal and communication skills. Also,
while performing a variety of relevant affairs, I
became very confident in the work you offer. I
would like to apply these strong points to perform
as (지원 직종) for your company.

저는 친절하고 외향적인 성격을 갖고 있습니다. 이 성격
은 제가 모든 사람들과 잘 어울리게 해줍니다. 인턴십 경
험을 통해서는 이 분야에서 일하는 다양한 지위의 사람
들을 만나왔습니다. 그들과 함께 일하면서 저는 설득력과
함께 대인 관계와 의사소통 능력을 향상시켜 왔습니다.
또한 다양한 관련 업무를 수행하면서 귀사가 제의하는

이 일에 아주 자신이 있게 되었습니다. 저는 귀사를 위하여 (지원 직종)으로서 이러한 장점들을 활용하고 싶습니다.

    마지막 모범 답변은 강점/장점을 철저하게 경쟁력 바탕으로 구성하고 있다. 친절하게 외향적인 성격을 갖추었다는 기본적인 내용을 밑에 깔아준 후에 인턴십이라는 핵심 경쟁력을 끌어들여서 실전 경험을 통하여 얻은 자질을 설명하는 것을 볼 수 있다. 답변의 내용으로 미루어보아 업무의 제일선에서 고객들을 직접 만나는 영업이나 서비스 직종에 효과적일 것으로 보인다.

    만약에 일반적인 성격만으로 답변을 구성하려 시도했다면 지금처럼 본인의 핵심적인 경쟁력을 정리하는 답변을 만들지 못하였을 것이다. 일반적인 성격만으로는 면접관을 설득시키지 못하는 상황이 발생할 수도 있기 때문에 위의 답변처럼 관련 경험을 증거로 내세우거나 관련 경험이 없을 경우에는 전공 지식을 통한 지식적인 경쟁력을 활용할 수도 있는 것이다.

답변 적용이 가능한 다른 유형의 질문들

Why should we hire you instead of other excellent applicants?
왜 우리가 다른 훌륭한 지원자들을 두고 당신을 채용해야 합니까?

How would you describe yourself?
자신을 어떻게 설명하시겠습니까?

How would you explain your personality?
당신의 성격을 어떻게 설명하시겠습니까?
How do other people describe you?
다른 사람들은 당신을 어떻게 평합니까?

강점/장점 답변의 범위를 경쟁력을 넓혀줌으로써

얻는 이익은 비단 답변 자체만이 아니다. 적용 가능한 다른 유형의 질문들을 보면 주로 지원자의 경쟁력을 위주로 답변을 구성해야 하는 접근을 필요로 하는데 이미 우리는 경쟁력을 활용한 답변을 갖추고 있으므로 적용의 범위 역시 넓혀줄 수 있는 것이다.

'Why should we hire you instead of other excellent applicants?'와 같은 질문은 단순한 성격으로는 절대로 어필할 수 없다. 다른 지원자들보다 더 뛰어난 자신만의 경쟁력을 일반적인 성격 위주로 구성할 수는 없기 때문이다. 'How would you describe yourself?'나 'How would you explain your personality?'도 우리에게는 익숙한 질문이다. 자기소개의 질문 유형에 포함되는데 그때 우리는 답변을 자신의 핵심적인 경쟁력 위주로 만들었다. 따라서 경쟁력에 대한 답변은 자기소개와 강점/장점 모두에서 적용해볼 수 있다.

간혹 자신에 대한 질문이 응용되어서 남들이 본 자

신에 대한 설명을 요구하는 질문으로 출제되기도 한다. 성격이 되었든 경쟁력이 되었든 자신에 대해서 설명할 수 있는 답변만 가지고 있다면 그것이 남들이 본 나의 모습이라는 식으로 응용만 해주면 그만이다. 앞에서도 언급했다시피 답변의 100%를 적용할 수는 없겠지만 핵심적인 내용은 이미 갖추고 있으므로 그것을 활용해볼 수 있는 다른 종류에 질문에 얼마든지 대응이 가능하다.

보너스 문장

My greatest strength is my flexibility. I have experienced various affairs whose conditions change from day to day through my education and campus activity.

저의 가장 큰 장점은 융통성입니다. 학력 배경과 교내 활동을 통하여 저는 날마다 변화하는 상황의 여러 일들을 경험해왔습니다.

I set a goal, prepare a clear plan and take it into
action immediately to achieve my goal.
저는 목표를 정하고, 명확한 계획을 준비하고, 저의 목표
를 이루기 위해서 바로 행동에 옮깁니다.

My multitasking skills will enable me to juggle
many different tasks at the same time. Also I
developed communication and interpersonal
skills while dealing with various members and
clients at all levels.
저의 다중업무 처리 능력으로 동시에 많은 다른 업무들
을 처리할 수 있습니다. 또한 모든 지위의 일원들과 고객
들을 다루면서 의사소통과 대인 관계 능력을 길렀습니다.

I believe my active nature and positive energy
allow me to interact well with anyone.
저의 활발한 성격과 긍정적인 힘은 제가 누구와도 잘 어
울릴 수 있게 해준다고 믿습니다.

Since I possess strong attention to detail, I know
how to prioritize a number of responsibilities
efficiently.

저는 매우 꼼꼼하기 때문에 저는 여러 임무들을 능률적으로 순서화하는 방법을 알고 있습니다.

Based on excellent communication and problem-solving skills, I am able to handle various conflicts in different cases.
뛰어난 의사소통 능력과 문제 해결 능력을 바탕으로 저는 다른 상황에서 여러 갈등을 처리할 수 있습니다.

I am flexible and adaptable so I can transfer my experience and skills to the new areas effectively.
저는 적응성과 융통성이 있어서 저의 경험과 기술들을 새로운 분야에 효과적으로 적용할 수 있습니다.

While dealing with diverse levels of people through my internship in this industry, I have improved persuading skills, along with my interpersonal and communication skills.
이 분야에서의 인턴십 경험을 통해 다양한 지위의 사람들을 만나면서 설득력과 함께 대인 관계와 의사소통 능력을 향상시켜 왔습니다.

I believe my educational background and personality traits can help me to perform the job you offer successfully.

저의 교육 배경과 성격의 특성은 귀사가 제안하는 이 일을 성공적으로 수행할 수 있게 도울 수 있다고 믿습니다.

By combining my educational background with relevant experience, I believe I can be a strong candidate for (지원 회사).

저의 학력 배경과 관련 경험을 결합함으로써 (지원 회사)에 강력한 지원자가 될 수 있다고 믿습니다.

약점/단점

약점/단점도 강점/장점과 비슷하게 질문이 구성된
다. 즉 면접관이 일부러 어렵게 질문하는 것이 아니라
그저 자신의 기호에 따라서 물었을 뿐인데 우리가 잘
알아듣지 못하는 문제가 발생할 수 있다.

질문 리스트

What are your weak points?
당신의 단점은 무엇입니까?

What are your weaknesses and how did you overcome them?
당신의 약점은 무엇이고 그것을 어떻게 극복했습니까?

With regard to the job description, where can you find your weak points?
채용 공고에 관해서 당신의 단점을 어디에서 찾을 수 있습니까?

　　마찬가지로 우리가 약점/단점 질문에서 가장 익숙한 단어는 'weak point'나 'weakness'이다. 하지만 'What part of yourself would you like to improve?(당신의 어떤 부분을 더 향상시키기를 원하십니까?)'와 같은 질문에는 해당 단어가 포함되어 있지 않으므로 당황하게 될 것이다. 만약에 주위 소음으로 인하여 정말로 질문을 잘 듣지 못했다거나 답변을 생각하느라고 면접관의 질문에 집중하지 못했다면 'Could you repeat the question, please?(질문을 다시 말씀해 주시겠습니까?)'라고 물어서 재차 확인할 수 있다.

하지만 'What part of yourself would you like to improve?'라는 질문을 정말로 정확하게 들었는데도 이해하지 못했다면 재차 묻는 것이 별 효과가 없을 것이다. 재차 물어도 이해하지 못한다면 또 다시 물어도 이해하지 못할 것이고 결국에는 올바른 답변을 전달할 방법을 찾지 못할 것이기 때문이다. 따라서 이런 상황에서는 'Are you asking me my weak points?(저의 단점에 대해서 묻고 계십니까?)'라는 식으로 내가 이해한 것을 확인하는 것이 보다 확실한 방법이다. 면접관이 '맞다'고 답하면 약점/단점을 답변하고 '아니다'라고 한다면 강점/장점을 답변하면 되니까.

모범 답변 1

My weakness lies in my careful personality. I check every single detail of my work precisely.

Although it takes quite a while to start my work, I am able to minimize potential errors in advance. Once I set up everything, I take an action right away so there is no problem in meeting deadlines. But I realized that I need to speed up my work process so I am trying to be more flexible at the starting stage.

저의 단점은 조심스러운 성격에 있습니다. 저는 제 일의 모든 세부사항을 꼼꼼하게 확인합니다. 비록 일을 시작하는 데 시간이 꽤 걸리기는 하지만 사전에 잠재적인 오류들을 최소화할 수 있습니다. 일단 모든 것을 맞춰 놓으면 바로 행동을 시작하기 때문에 마감 시간을 맞추는 데 아무런 문제도 없습니다. 하지만 제 업무 과정을 빠르게 할 필요가 있다는 것을 깨달았기 때문에 시작 단계에서 조금 더 유연해지려고 노력하고 있습니다.

약점/단점 답변에서 가장 중요한 것 역시 적용 부분인데 다른 답변과는 접근이 조금 다르다. 여기에서는 약점/단점을 보완하기 위한 노력과 경험을 통하여 현재의 상태를 알려주는 것에 집중해야 한다. 왜냐하면 약점/단점이 현재에도 그대로 남아 있다면 개선점을 모르는 사람일 뿐만 아니라 발전하지 못하는 사람처럼 보일 수 있기 때문이다.

이 세상에 약점/단점이 없는 사람은 없다. 그리고 입사하여 업무를 하게 되면 어느 시점에서는 보완해야 할 부분이 생길 것이다. 그때 그것을 인지하고 보완하여 자신을 발전시킬 수 있다면 그 사람은 스스로 성장해가는 사람일 것이다. 향후 이것을 할 수 있는지 없는지는 과거의 경험으로 알아낼 수 있고 그것이 약점/단점을 통하여 면접관이 보고자 하는 것이다.

모범 답변 2

I am very sociable and outgoing so I have been acting as a member of various campus clubs. But, since I spend too much time with other people, I definitely need my own time. It is true that I am able to expand human networks and experience new fields but I still need to spend my time for my future. So recently I try to stabilize my life by reducing unnecessary meetings. Also I create a definite line between my personal life and campus activities to improve my weak point. Now, I use my own time by reading relevant books and taking online English courses to develop myself.

저는 아주 사교적이며 외향적이어서 여러 교내 동아리의 멤버로 활동해오고 있습니다. 하지만 다른 사람들과 너무 많은 시간을 보내기 때문에 저는 확실히 저만의 시간이 필요합니다. 인맥을 넓히고 새로운 분야를 경험할 수 있는 것은 사실이지만 저의 미래를 위하여 여전히 제 시간을 보낼 필요가 있습니다. 그래서 저는 최근 불필요한 만남을 줄임으로써 제 인생을 안정시키려 노력하고 있습니다. 또한 저의 약점을 개선하기 위해서 사생활과 교내 활동 사이에 확실한 선을 긋고 있습니다. 지금 저는 제 자신을 계발하기 위하여 관련 도서를 읽고 온라인 영어 수업을 들음으로써 저만의 시간을 보내고 있습니다.

'모범 답변 2'의 보완 노력은 불필요한 만남을 줄이는 행동이다. 이를 통하여 자신의 인생을 안정시킬 수 있었고 그 시간을 자기 계발에 투자하고 있다는 상당히 생산적인 답변을 만들어내고 있다.

　간혹 보면 단점을 앞으로 고치겠다거나 입사하게 되면 일하면서 고치겠다는 등의 결론을 내는 경우가 있는데 이것은 그럴듯하게 보일지는 모르나 사실 단점에 대한 보완 노력을 하지 않았다는 것과 같다. 현 상태로 보완점을 모르고 있기 때문이다. 따라서 보완 노력, 과정, 결과 등을 답변에 반드시 포함시켜서 현재는 그것이 단점이 아니라는 것을 알리는 데 집중하도록 하자.

모범 답변 3

Since I have too much passion and enthusiasm for whatever I do, I tend to take on too many different works at the same time. But this sometimes made me very tired so I began to share duties with others. Now I do not take charge of overall responsibilities because I ask assistance from others. I believe I will be able to work efficiently with other members to achieve a given goal at the workplace.

저는 제가 하는 모든 것에 열정과 의욕이 너무 강해서 동시에 너무 많은 다른 일들을 떠맡으려는 경향이 있습니다. 하지만 이것은 가끔 저를 너무 지치게 해서 다른 사람들과 임무를 나누기 시작했습니다. 지금 저는 다른 사람들에게 도움을 구하기 때문에 모든 임무에 대한 책임을 다 떠맡지 않습니다. 저는 직장 내에서 주어진 목표를 이루기 위하여 다른 일원들과 능률적으로 일할 수 있을 것이라고 믿습니다.

위의 모범 답변도 보완 부분을 확실히 하였다. 다른 사람들의 도움을 통하여 자신의 일을 나누기 시작하였고 결과적으로 다른 일원들과 능률적으로 일할 수 있다는 것을 주장하고 있다. 개선점을 통한 적용 부분이 없었다면 주장하기 어려운 내용이 되었을 것이다.

마지막으로 한 가지만 주의하면 되는데 바로 지원하는 직종, 분야, 업무, 회사에서 중요시하는 자질을 약점/단점으로 만들지 말라는 것이다. 예를 들어서 대인관계 및 친화력을 중요시하는 영업이라는 직종에 지원하면서 이것을 단점으로 설명한다거나 창의력을 필요로 하는 광고라는 직종에 지원하면서 부족한 창의력을 약점으로 꼽는 경우이다. 물론 개선점이나 보완 부분을 통하여 현재의 상황을 긍정적으로 만들 수는 있지만 애초에 그러한 자질이 약점/단점이었다는 것은 좋은 접근이 아니다. 이런 자질들은 오히려 강점/장점에서 어필해야만 하는 필수적인 자질을 갖추었다는 것을 부각시킬 수 있다. 따라서 지원 분야, 직종, 회사에 대한 철저한 분석을 통하여 약점/단점을 만드는 노력이 필요할 것이다.

In which area do you need to make an improvement?
어떤 부분을 향상할 필요가 있습니까?

What part of your personality would you like to improve?
당신 성격의 어떤 부분을 향상시키길 원하십니까?

What personal weakness has caused you the greatest difficulty in school or on the job?
어떤 성격의 약점이 학교나 일에서 가장 큰 어려움을 초래하였습니까?

　　약점/단점 질문에서 면접관이 성격 부분을 보고 싶어 한다면 'What part of your personality would you like to improve?'와 같은 방식으로 질문하게 된다. 조금 응용한 질문을 시도한다면 'What personal weakness has caused you the greatest difficulty in school or on the job?'처럼 물을 수 있는데 약점을 학교나 일과 연결 지어 답변해야 하므로 정말로 명확한 보완 경험을 담아 주어야 할 것이다.

보너스 문장

My weakness is my careful personality. Before starting on a new work, I check every single detail precisely to minimize potential errors.
저의 단점은 조심스러운 성격에 있습니다. 새로운 일을 시작하기 전에 저는 발생 가능한 오류들을 최소화하기 위하여 모든 세부 사항 하나 하나를 체크합니다.

My weak point lies in my timid nature so I am too careful about making decisions. But I am trying to improve it by developing more courage.
저의 단점은 소심한 성격에 있어서 결정을 내리는 데 너무 조심스럽습니다. 하지만 용기를 더 키움으로써 그것을 보완하기 위해 노력하고 있습니다.

I tried to create a definite line between my personal life and job. Now I know how to prioritize my work and complete it on time.

저는 사생활과 일 사이에 정확한 선을 그으려고 노력했습니다. 지금 저는 제 일의 우선순위를 정하고 제때에 그 일을 완료하는 방법을 알고 있습니다.

I began to be more relaxed and flexible at work. Also I shared duties with my team members to attain a common goal.

저는 일에서 조금 더 여유롭고 유연해지기 시작했습니다. 또한 공통의 목표를 이루기 위하여 팀원들과 업무를 공유하였습니다.

I tried to take others' opinions and ideas more seriously and concentrate my energy on my responsibilities.

저는 다른 사람들의 의견과 아이디어를 더 진지하게 수용하고 저의 임무에 모든 힘을 집중하려고 노력하였습니다.

취미/특기

  취미/특기 질문은 앞에서 다루었던 질문들과는 성격 자체부터 다르다. 자기소개나 장단점은 자신에 대한 주장을 할 수 있는 답변이며 학교 생활과 사회 경험은 그 주장에 대한 구체적인 증거를 제시할 수 있는 답변이다. 하지만 지금 알아볼 취미/특기는 비교적 소소한 종류의 질문이며 조금은 가볍게 답변을 만들어도 좋다.

What are your hobbies?
당신의 취미는 무엇입니까?

How do you spend your spare time?
여가 시간은 어떻게 보내십니까?

What kinds of activities or recreation do you enjoy?
어떤 종류의 활동이나 레크리에이션을 즐기십니까?

하지만 답변의 quality를 너무 낮추는 것은 자신에게 도움이 되지 않는다. 취미/특기는 단순하게 여가 시간을 어떻게 보내고 있는지를 보기 위한 목적도 있겠지만 더 나아가서 지원자가 과연 어떤 사상, 가치관, 철학 등을 가지고 생활하는지를 보려는 목적도 포함되어 있기 때문이다. 따라서 그 사상, 가치관, 철학 등이 건전하면 건전할수록 또 지원 회사의 철학이나 문화와 잘 맞으면 맞을수록 지원 회사에 한 발 더 다가갈 수 있는 것이다.

답변을 만들 때 중요한 것은 역시 범위를 넓혀주는 것이다. 장점/강점에서 범위를 성격만이 아닌 경쟁력까지 넓혀준 것처럼 취미/특기는 단순한 운동, 독서, 음악 감상 등에서 자기 계발이나 스트레스 관리까지 범위를 넓혀줄 수 있다. 훨씬 더 다양한 방법으로 답변을 만들 수 있을 것이고 여기 시간을 훨씬 더 생산적으로 보내고 있다는 것을 보여줄 수 있을 것이다.

모범 답변 1

I like playing ball games such as soccer and baseball because they require a cooperative team effort. I learn the meaning of teamwork and hardworking attitude from these sports. Also I can find out my limitations in sports so I can improve my weak parts in the near future. They keep me healthy and get rid of all the stress.

Recently I joined the amateur baseball club.

저는 축구와 야구 같은 구기 운동을 좋아하는데 이 운동들은 협력적인 팀 노력을 필요로 하기 때문입니다. 저는 이러한 운동들로부터 팀워크와 성실한 자세의 의미를 배웁니다. 또한 운동에서 저의 한계를 파악할 수 있어서 가까운 미래에 저의 약점을 개선할 수 있습니다. 이 운동은 저를 건강하게 해주고 모든 스트레스를 날려버립니다. 최근에는 아마추어 야구 클럽에 가입하였습니다.

'모범 답변 1'은 축구와 야구라는 비교적 가벼운 운동으로 내용을 시작하기는 하였지만 팀워크와 성실함을 배울 수 있다는 적용 부분을 잘 표현하였다. 또한 스트레스를 관리할 수 있다는 내용도 담고 있다. 스트레스 관리가 중요한 것은 나중에 입사 후 업무로 인한 스트레스를 얼마나 효과적으로 관리할 수 있는지를 보여주는 증거가 되기 때문이다. 결과적으로 업무 효율을 높여줄 수 있는 방법이 되기 때문에 자신에게 확실하게 유리한 방향으로 답변을 끌고 갈 수 있는 것이다.

모범 답변 2

Based on my special interest in self-development, I usually spend my free time by reading something. Recently I am reading (관련 도서명) and it allows me to focus on relevant trends that are important in this field. Also I like to experience other fields indirectly by reading articles on unfamiliar topics. Sometimes I find solutions for personal problems from books, even thought I am not trying to solve those problems.

자기계발에 대한 깊은 관심을 바탕으로 저는 보통 독서로 여가 시간을 보냅니다. 최근에는 (관련 도서명)을 읽고 있는데 이 분야에서 중요한 관련 트렌드에 집중하게 해줍니다. 또한 저는 생소한 주제에 대한 기사들을 읽음으로써 다른 분야들을 간접적으로 경험하는 것을 좋아합니다. 간혹 제가 문제들을 풀려고 시도하지 않았음에도 불구하고 책으로부터 개인적인 문제에 대한 해결책을 찾곤 합니다.

위 답변 역시 독서라는 일반적인 취미/특기로 이야기를 시작했지만 전체적인 메시지는 단순한 책 읽기가 아닌 자기 계발이라는 것을 알 수 있다. 지원 분야와 관련된 트렌드를 알아내는 것에서부터 다른 분야를 경험하고 개인적인 문제를 해결하는 등의 다양하고 구체적인 적용 부분을 자연스럽게 전달하고 있다. 그저 단순한 읽기의 수준이었다면 이 정도의 quality를 만들지 못했을 것이다.

How do you manage your stress?

당신의 스트레스는 어떻게 처리하십니까?

Do you have any plan to continue your education?

당신의 교육을 지속할 어떤 계획이라도 있습니까?

Tell me about the last book that you read.

가장 마지막으로 읽은 책에 대해서 말씀해 주시기 바랍니다.

What do you do for your personal development?

자기 계발을 위하여 무엇을 하고 있습니까?

앞에서 계속 언급한 것처럼 취미/특기에 대한 답변은 스트레스 관리와 자기 계발 관련 질문에 자연스럽게 적용이 가능하다. 자기 계발의 경우에도 'What do you do for your personal development?'처럼 대놓고 묻는 질문이 있는가 하면 'Do you have any plan to continue your education?'과 같이 비교적 넓은 범위의 질문도 있다는 것만 알아두면 되겠다.

'Tell me about the last book that you read.' 질문을 포함시킨 이유는 취미/특기에 대응하는 방법을 알려주기 위해서이다. 자기소개나 학교 생활, 사회 경험은 그래도 굵직한 종류의 질문이어서 어느 정도 예측이 가능한 편에 속하지만 취미/특기는 정말로 범위가 넓기 때문에 미리 준비한다는 것이 쉽지 않다. 단순하게 여가 시간을 묻는 질문에서 운동, 독서, 영화, 노래, 여행 등 내용이 깊이 들어갈 수 있으며 구체적인 종류를 쪼개기 시작하면 요가, 쇼핑, 축구, 야구, 등산, 스키, 다이어트, 태권도 등까지 범위를 넓힐 수 있기 때문이다. 그리고 면접관의 기호나 그 날의 기분에 따라서 질문 선택이 달라질 수 있다는 것을 감안한다면 질문을 미리 예상한다는 것 자체가 무의미할 수 있다.

방법은 미리 주제를 생각해두는 것이다. 한두 개의

답변을 준비해두는 것이 아니라 여러 종류의 질문에 대한 주제만 다양하게 준비해둔다. 예를 들어서 책에 관련된 질문이 나오면 A라는 책에 대한 이야기를 할 것이라고 머릿속에 저장해두는 것이다. 그렇게 한다면 'Tell me about the last book that you read.'는 물론이고 'What kinds of book are you reading?(어떤 종류의 책을 읽고 있습니까?)'이나 'Do you enjoy reading books?(독서를 좋아합니까?)'와 같은 질문에도 적절하게 대응이 가능하다. 운동 관련 질문에는 축구로 주제를 정해놓고 여행 관련 질문은 방문해 본 경험이 있는 프랑스를 주제로 답변을 만들겠다는 식이다.

보너스 문장

Either I walk my dog or try to spend time with my family as much as possible.
저는 강아지를 산책시키거나 가능하면 가족들과 많은 시간을 보내려고 노력합니다.

I usually do outdoor activities such as swimming, biking or skiing. These sports get rid of my stress.

저는 보통 수영이나 자전거, 스키와 같은 야외 활동을 합니다. 이 운동들은 저의 스트레스를 없애줍니다.

I go window-shopping with my friends. I'm not interested in buying new stuffs but just enjoy watching something new.

저는 친구들과 윈도 쇼핑을 합니다. 새로운 물건을 사는데 흥미가 있는 것이 아니라 새로운 것을 보는 것을 좋아합니다.

I spend my time eating, sleeping or reading. I read all kinds of books between eating and sleeping. These really help me to get rid of my stress and rebound from heavy workload.

저는 먹거나, 자거나 읽으면서 시간을 보냅니다. 먹거나 자는 중간에 모든 종류의 책을 읽습니다. 이것들은 저의 스트레스를 없애주고 많은 업무량에서 다시 일어서는 데 도움을 줍니다.

I get very much interested in workout and diet these days because I gained more than five kilograms for the recent three months. So I am thinking about going on a diet and having a regular exercise pretty soon.

저는 최근 3개월간 5kg 이상 체중이 불었기 때문에 요즘 운동과 다이어트에 많은 관심이 있습니다. 그래서 곧 다이어트를 시작하고 규칙적인 운동을 할 생각을 가지고 있습니다.

I spend my free time traveling various places since I enjoy meeting new people and spend my time with them informally.

저는 새로운 사람들을 만나고 형식에 구애되지 않고 그들과 시간을 보내는 것을 좋아하기 때문에 여러 곳을 여행하면서 여가 시간을 보냅니다.

U·n·i·t 07 기타 질문

기타 질문은 단순하게 주제별로 질문을 정리하고 남은 것을 모아놓은 것이 아니라 답변하기가 비교적 까다로운 질문들을 정리한 내용이 되겠다. 영어면접은 사실 모든 질문과 답변이 영어로 진행되므로 대부분의 질문이 답변하기 어려울 것이다. 하지만 그 중에서도 답변을 만드는 것이 더 까다로운 질문들이 있는데 바로 다음의 리스트에 포함된 정도의 질문들이다.

질문 리스트

Do you prefer working alone or with others?
혼자서 일하는 것이 좋습니까 아니면 다른 사람들과 일하는 것이 좋습니까?

Are you available to work extra hours when necessary?
필요하다면 추가 업무가 가능하시겠습니까?

How do you feel about frequent overtime?
잦은 초과 근무에 대해서 어떻게 느끼십니까?

How can you solve conflicts with your colleagues or superiors?
동료들이나 상사들과의 갈등을 어떻게 해결할 수 있습니까?

바로 앞에서 알아본 취미/특기에서 질문에 가장 효과적으로 대비하는 방법으로 주제를 미리 골라 놓으라고 말했다. 물론 모든 질문에 적용되는 방법이기는 하지만 취미/특기의 경우에는 질문의 범위가 너무 넓어서 다양한 주제를 생각해놓는 것이 정말로 큰 도움이 된다. 까다로운 질문도 마찬가지로 어떠한 질문이 나올지 예상하는 것이 어렵기 때문에 주제를 미리 챙기는 것이 도움이 될 수 있지만 오히려 이것 때문에 스스로 함정에 빠지는 경우가 발생하기도 한다. 즉 질문 자체가 까다롭기보다는 내가 질문에 대한 주제를 알고 있다는 것이 너무나도 기쁜 나머지 나의 약점까지 모두 전달하게 되는 경우가 발생할 수 있는 것이다.

예를 들어서 'How do you feel about frequent overtime?'이라는 질문을 받았다고 치자. 주제를 미리 준비했던 하지 않았던 상관없이 이전 인턴십이나 아르바이트를 하면서 야근을 해봤던 경험이 많았을 수 있다. 따라서 이 질문에는 확실한 답변을 할 수 있다는 자신감이 생기게 되며 알리지 않아도 좋을 만한 내용까지 풀어놓게 된다. 하지만 야근을 많이 했다는 것은 열심히 일했다는 증거로 볼 수 있는 반면 정해진 시간 내에 업무를 완료하지 못해서 추가 시간이 필요했다고도 생각해볼 수 있다. 그렇다면 면접관은 이러한 부분을 재차 공격하게 될 것이다.

'How can you solve conflicts with your colleagues or superiors?'와 같은 질문도 마찬가지이다. 이전에 학교 생활이나 사회 경험을 하면서 다른 사람들과 갈등을 겪었던 일이 많았다고 한다면 이 질문에 대한 답변은 쉬운 것이다. 하지만 갈등을 많이 겪어봤다는 것 자체가 긍정적인 느낌을 줄 수 없기 때문에 면접관은 이 부분을 공격할 것이다. 왜 갈등을 많이 겪어봤는지, 자신의 잘못으로 인한 갈등은 아니었는지 등의 답변하기 까다로운 꼬리 질문을 예상해볼 수 있다.

모범 답변 1

- Do you prefer to work individually or within a group?
- 혼자서 일하는 것을 선호합니까 아니면 그룹 내에서 일하는 것을 선호합니까?

- I can strongly say that I work very well individually. Since I have strong concentration, I perfectly understand what I have to do next. But I prefer to work within a group because I enjoy sharing ideas and opinions with others. Also I am good at communicating with others while respecting their opinions. I can see the influence of synergy when working within a group.
- 저는 혼자서 아주 일을 잘한다고 강하게 말씀드릴 수 있습니다. 강한 집중력이 있어서 다음으로 무엇을 해야 하는지 완벽하게 이해합니다. 하지만 저는 다른 사람들과 아이디어와 의견을 나누는 것을 좋아하기 때문에 그룹 내에서 일하는 것을 선호합니다. 또한 저는 다른 사람들의 의견을 존중하면서 그들과 의사소통을 잘합니다. 그룹 내에서 일할 때 시너지의 영향력을 볼 수 있습니다.

따라서 까다로운 질문에 대한 답변을 만들 때에는 아무리 내가 잘 알고 있는 주제라고 할지라도 잠깐의 시간을 가지고 면접관이 공격할 수 있는 경로를 막아주는 답변을 만들어 줄 필요가 있다. 위의 모범 답변은 그런 측면에서 아주 현명하게 접근하였다. 혼자 일하는 것과 그룹 내에서 일하는 것 중 하나를 선택하여 답변을 만들라는 요구가 있었지만 한쪽만을 선택할 경우 다른 한쪽에 대한 능력은 부족하다는 것을 보여줄 수도 있다는 생각에 두 쪽 모두를 챙겨 놓았다.

전략도 좋은 편인데 우선 지원 분야, 직종, 업무를 분석하여 어떤 쪽에 집중하는 것이 좋은지를 잘 선택하였다. 그리고 일단은 혼자서도 일을 잘하지만 그룹 내에서 일하는 것을 더 좋아한다고 답변을 구성하였다. 물론 그룹 내에서 일하는 것으로 얻어지는 장점을 어필하는 것도 잊지 않았다.

모범 답변 2

– How do you resolve conflicts with others?
– I actually hardly ever come up with conflicts with others because I know how to communicate with them effectively. But, if I have conflicts with others I will try to have enough conversation until we fully understand the cause of conflicts. I will listen to their opinions first and express my opinion politely. If I agree to their opinions, I will follow them. If not, I will try to find the best solution to meet our needs, priorities or interests.

– 다른 사람들과의 갈등을 어떻게 해결하십니까?
– 저는 다른 사람들과 효과적으로 의사소통하는 방법을 알고 있기 때문에 사실 그들과 거의 갈등을 겪지 않습니다. 하지만 만약에 다른 사람들과 갈등을 겪는다면 저는 우리가 갈등의 원인을 완전히 이해할 때까지 충분한 대화를 시도할 것입니다. 그들의 의견을 먼저 듣고 저의 의견을 정중하게 표현할 것입니다. 만약 제가 그들의 의견에 동의한다면 그들을 따를 것입니다. 만약 그렇지 않다면 우리의 필요, 우선순위, 중요성을 만족시키는 최상의 해결책을 찾도록 노력할 것입니다.

모범 답변 2는 갈등에 대한 답변인데 역시 면접관의 공격을 최소화할 수 있는 방법으로 답변을 만들었다. 질문 자체가 갈등을 어떻게 해결하는지 묻고 있기 때문에 대부분의 경우에는 갈등을 겪어본 경험을 토대로 답변을 구성할 것이다. 하지만 위 답변은 갈등을 좀처럼 겪지 않는다는 내용을 먼저 깔아준 후에 갈등의 경험이 아니라 앞으로 갈등을 겪을 경우의 대처법을 설명하고 있다. 꽤 현명한 방법이다.

모범 답변 3

- I'm still not really sure if you are suitable for this job. What do you think?
- I would be very disappointed because I did my best to prepare for this job. I understand how hard it is to be a member of your company but I still believe that I possess qualities you are looking for. Please tell me exact qualities I have to show you then I will try to prove those qualities through my education and experience.

- 당신이 이 일에 적격인지 아직 확신하지 못하겠습니다. 어떻게 생각하십니까?
- 저는 이 일을 준비하기 위해서 최선을 다했기 때문에 아주 실망할 것입니다. 귀사의 일원이 되는 것이 얼마나 어려운지 이해하고 있지만 저는 여전히 귀사가 찾는 자질을 갖추었다고 믿습니다. 귀사께 보여드려야 하는 정확한 자질을 말씀해주시면 저의 교육과 경험을 통하여 그 자질들을 증명해 보이도록 노력하겠습니다.

하지만 실제로 질문 자체가 까다로운 경우도 존재한다. 'I'm still not really sure if you are suitable for this job. What do you think?'와 같은 질문은 실제로 지원자가 자질이 없는 것처럼 보였을 수도 있고 그렇지 않았을 수도 있다. 단순하게 지원자를 압박하여 대응하는 자세를 보기 위한 목적이 있을 수도 있지만 어쨌든 영어면접에서 위와 같은 질문을 받는다면 정말 당황하게 된다. 왜냐하면 지금까지 계속 영어로 답변을 하고 있었으므로 영어 실력 자체도 부족하면서 자질도 없는 지원자처럼 보였다는 생각에 일반 면접에서보다 훨씬 더 많이 실망하게 될 것이다.

이런 질문을 받았다고 하더라도 일단 당황하는 모습은 감춰두고 끝까지 자신 있는 지원자라는 태도를 유지하는 것이 좋다. 위의 모범 답변처럼 자신이 보여주어야 할 정확한 자질이 무엇인지 물으면서 침착하게 대응하는 것이 현명한 방법이다.

모범 답변 4

- What did you do yesterday?
- Yesterday I prepared for this interview all day long and researched some information about your company through your website and articles.

- 어제는 무엇을 했습니까?
- 어제는 하루 종일 이 인터뷰를 준비하였고 귀사의 웹사이트와 기사를 통하여 귀사에 대한 몇몇 정보를 수집하였습니다.

위와 같은 질문은 답변을 만들 수 있는 범위가 너무 넓기 때문에 조금은 까다로울 수 있다. 어제 했던 일은 상당히 많을 테니까 말이다. 하지만 현재 여러분은 영어면접을 진행하고 있는 중이니까 아무래도 지금의 상황에 도움이 되는 내용을 위주로 답변을 만들어줄 필요가 있겠다. 따라서 하루 종일 면접 준비를 했다는 식으로 접근하는 것이 가장 quality 높은 답변을 만드는 방법이겠다. 물론 면접관이 지원 회사의 정보를 꼬리 질문으로 물어볼 수 있다는 것은 염두에 둬야 하겠지만 말이다.

답변 적용이 가능한 다른 유형의 질문들

How are your interpersonal relationships with others?
다른 사람들과의 대인 관계는 어떻습니까?

How do you work with other members?
다른 일원들과 어떻게 일하십니까?

Do you like dealing with people?
사람들을 다루는 것을 좋아하십니까?

What type of people do you work best with?
어떤 타입의 사람들과 가장 잘 일하십니까?

How would you react if I told you that your
interview, so far, was terrible?
만약에 제가 지금까지 당신의 인터뷰가 형편없다고 말했
다면 어떻게 반응하시겠습니까?

　　앞에서 갈등에 대한 답변을 준비했으므로 대인 관
계와 관련된 질문이 나올 경우 충분히 적용할 수 있을
것이다. 다른 일원들과 일을 잘 하며 갈등을 거의 겪
지 않는다는 핵심 내용을 바탕으로 하고 갈등이 생길
경우에 대한 대응책을 설명하는 것으로 답변을 마무
리할 수 있다.

　　'How would you react if I told you that your

interview, so far, was terrible? 과 같은 질문은 'I'm
still not really sure if you are suitable for this job.
What do you think?'의 질문과 비슷하게 지원자를 압
박하는 유형이다. 따라서 위의 모범답변 3에서 시도
했던 답변을 그대로 적용해 볼 수 있겠다.

보너스 문장

When I work in a group, I try to communicate
with other team members as often as possible.
So I can say that I am hardly caught in trouble
with any of my team members.
그룹 내에서 일할 때 저는 가능하면 자주 다른 일원들과
의사소통을 하기 위하여 노력합니다. 그래서 저는 팀의
어떤 일원들과도 좀처럼 어려움에 빠지지 않는다고 말씀
드릴 수 있습니다.

Because I understand this job requires lots of
extra efforts and hours, it's not a problem for me
to work extra.

저는 이 일이 많은 추가적인 노력과 시간을 필요로 하다는 것을 이해하고 있기 때문에 추가 업무를 하는 것은 저에게 문제가 되지 않습니다.

I am a newcomer of your company so I would like to learn practical work skills, gain more knowledge and develop a better understanding of the general workflow.

저는 귀사의 신입사원이므로 실무 기술을 배우고 더 많은 지식을 얻고 일반적인 업무 흐름에 대한 더 뛰어난 지식을 갖고 싶습니다.

I pretty much enjoy working under deadlines because I know how to plan my time efficiently and finish given duties step by step.

저는 시간을 능률적으로 계획하고 주어진 임무들을 단계적으로 완료하는 방법을 알고 있기 때문에 마감 시한에 맞춰서 일하는 것을 매우 즐깁니다.

I will express my opinion very politely and try to find the best solution through enough conversation.

저의 의견을 공손하게 표현하고 충분한 대화를 통하여 최상의 해결책을 찾기 위하여 노력하겠습니다.

U·n·i·t 08 지원 동기

질문 리스트

Why do you want to work as (지원 직종)?
왜 (지원 직종)으로 일하기를 원하십니까?

How did you become interested in (지원 분야)?
어떻게 (지원 분야)에 관심을 가지게 되었습니까?

What made you to apply for the position in this company?
무엇이 당신을 이 회사의 자리에 지원하게 만들었습니까?

지원 동기도 자기소개와 마찬가지로 지원자가 미리 예상하여 준비할 수 있는 질문이다. 지원자의 기억으로 남아 있는 경험에 의한 증거를 제시하는 질문이 아니라 주장을 해야 하는 질문이므로 사전에 그럴싸한 답변을 준비하는 것이 중요하겠다.

질문은 포함된 단어를 통하여 답변의 구성을 결정할 수 있다. 질문 리스트에서 보는 것과 같이 직종, 분야, 회사에 대한 동기로 구분할 수 있으므로 지원자역시 면접관이 궁금해 하는 동기에 집중하여 답변을 만들면 되겠다. 예를 들어서 Field Engineer(필드 엔지니어) 직종에 지원한다면 'Why do you want to work as a field engineer?(왜 필드 엔지니어로 일하시길 원하십니까?)라는 식으로 질문을 받게 될 것이다. 지원 분야가 마케팅이라면 'How did you become interested in the marketing field?(어떻게 마케팅 분야에 관심을 가지게 되었습니까?) 정도의 질문을 받게 되겠다. 지원 회사는 당연히 해당 회사의 이름을 포함하여 'What made you to apply for the position in ABC Corporation?(무엇이 당신을 ABC회사의 자리에 지원하게 만들었습니까?)이라고 질문을 만들 수 있을 것이다.

From my childhood, I have had an aptitude in creating something based on my creative and innovative ideas. And I have enjoyed using a computer. Accordingly, I realized that being a developer could be the perfect occupation for me to express my ideas in the field of computers. All I have studied at college and experienced indirectly up to date was computer. So there's no other position I really wanted to be a professional in. This is the main reason why I want to be a developer.

어린 시절부터 저는 창조적이고 혁신적인 아이디어를 바탕으로 무엇인가를 창작하는 것에 적성이 있었습니다. 그리고 저는 컴퓨터를 사용하기를 좋아했습니다. 이에 따라서 저는 개발자가 되는 것이 컴퓨터 분야에서 저의 아이디어를 표현할 수 있는 완벽한 직업이 될 수 있다는 것을 깨달았습니다. 지금까지 제가 대학에서 공부해왔고 간접적으로 경험해왔던 모든 것은 컴퓨터입니다. 그래서 제가 진정으로 전문가가 되기를 원하는 다른 일은 없습니다. 이것이 제가 개발자가 되기를 원하는 주된 이유입니다.

'모범 답변 1'은 직종에 지원하는 이유를 구체적으로 만들고 있다. 질문의 경우에는 'Why do you want to work as a developer?(왜 개발자로 일하기를 원하십니까?)라고 직종명을 포함할 수도 있고 'Why do you want to work as this position?(왜 이 직종으로 일하기를 원하십니까?)이라는 식으로 일반적으로 물을 수도 있다. 어쨌든 지원 분야나 회사에 지원하는 이유가 아니라 직종에 대해서 궁금해 하고 있으니까 여기에만 집중하여 답변을 구성하면 되겠다.

위 답변은 일단 창조적이고 혁신적인 아이디어를

바탕으로 직종에 어울리는 본인의 적성 및 자질을 깔아주었다. 그리고 본격적으로 컴퓨터 이야기를 가져와서 적성 및 자질과 결합하였고 자연스럽게 개발자라는 직종까지 연결시켰다. 대부분의 여러분들도 직종이나 분야에 지원하는 이유는 많은 고민을 하지 않고 찾아낼 수 있을 것이다. 진짜로 어려운 것은 지원회사에 지원하는 이유를 만드는 작업이다. 여러분들이 마케터로 일하고 싶다거나 금융 분야에 관심이 많다면 일할 수 있는 회사는 정말로 많을 것이다. 하지만 왜 꼭 그 일을 특정 회사에서 해야만 하는지를 진정한 이유로 설명하고 설득하는 과정은 정말로 쉽지 않다.

모범 답변 2

I have been informed of the excellence of marketing education and operational systems your company provides to the employees. Therefore I'd like to embrace the opportunity to work at your marketing team and display my capabilities. Also I was impressed by your vision and future plans explained on your website. I am eager to deliver precise and accurate information of your products to clients and give myself new challenges for expanding my capabilities. I'll continue to learn more for making myself more productive and competent.

저는 귀사가 직원들에게 제공하는 마케팅 교육과 운영 시스템의 우수성에 대해서 알고 있었습니다. 따라서 저는 귀사의 마케팅 팀에서 일할 수 있는 기회를 기꺼이 받아들이고 저의 능력을 펼쳐 보이고 싶습니다. 또한 저는 귀사의 웹사이트에 설명된 비전과 향후 목표에 깊은 감명을 받았습니다. 저는 고객들에게 귀사 제품의 세부적이고 정확한 정보를 전달하고 저의 능력을 넓히기 위해 새로운 기회를 맞이하기를 간절히 바라고 있습니다. 제 자신을 더 생산적이고 유능하게 만들기 위하여 계속해서 더 많이 배울 것입니다.

아마도 목표로 하고 있는 한두 회사에 대한 명확한 동기는 갖추고 있을 거라고 생각한다. 하지만 우리가 뭐 어디 한두 군데에만 지원하던가? 나머지 회사에 대한 지원 동기도 꽤 그럴싸하게 준비해줄 필요가 있고 이것은 면접 이전에 자기소개서의 지원 동기 항목을 통해서 먼저 활용하게 될 것이다.

따라서 '모범 답변 2'에서 다룬 것 정도의 동기는 만들어줄 필요가 있다. 회사가 제공하는 교육 및 운영 시스템, 회사의 비전 및 목표 등을 언급하면서 회사에 대한 본인의 관심을 어필하는 구성이다. 더 깊게 들어간다면 회사의 제품, 서비스, 신문 기사 등을 활용하여 회사에 대한 관심도를 높여갈 수 있을 것이다.

물론 위에서 알아본 두 개의 답변을 통합하는 구성도 가능하다. 먼저 직종에 대한 논리적인 동기를 설명한 이후에 왜 꼭 그 일을 이 회사에서 해야만 하는지를 설명한다면 누가 보아도 명확한 동기를 갖춘 지원자처럼 보일 수 있을 것이다. 하지만 직종에 대한 동기를 물었다면 먼저 직종에 집중한 이후에 회사에 대한 동기로 넘어가는 것이 좋겠고 그 반대의 경우라면 회사에 대한 동기를 설명하는 데 더 많이 집중하는 것이 좋겠다.

모범 답변 3

I majored in tourism management at university and studied secretarial affairs, hotel management, convention, airline service and so on. Such educational background motivated me to dedicate myself to this service industry. So I have concentrated on gaining various practical experiences. For example, working as a guide at the formal ceremonies the government agencies held and attending a flight attendant training course, I have developed a sincere service mindset and increased my knowledge of customer service. This is the kind of work I have always enjoyed doing. And I have wanted to work for the world-prominent airlines. I am more than willing to make a long-term commitment to (지원 회사) Airlines.

저는 대학에서 관광 경영을 전공하였고 비서 업무, 호텔 경영, 컨벤션, 승무원 서비스 등을 공부하였습니다. 이러한 교육 배경은 이 서비스 산업에 제가 전념할 수 있도록 동기를 부여하였습니다. 그래서 저는 여러 실무 경험을 얻는 데 집중해왔습니다. 예를 들어서 정부 기관들이 개최했던 공식 의전에서 안내자로 일하고 승무원 연수 코스에 참여하면서 저는 진실된 서비스 마인드를 길러왔고 고객 서비스에 대한 저의 지식을 높여왔습니다. 이 일은 제가 항상 하기를 즐겨왔던 종류의 일입니다. 그리고 세계적으로 유명한 항공사에서 일하기를 원해왔습니다. (지원 회사) 항공사에서 오랜 기간 헌신하기를 열망합니다.

하지만 뭐니뭐니 해도 동기를 설명하는 데 가장 그만인 방법은 자신의 핵심 경쟁력을 정리하는 접근이 겠다. 직종에 대한 동기를 설명하는 방법과 비슷한데 단순하게 적성, 관심, 열정만을 전달하는 것이 아니라 내가 이 일을 할 수밖에 없는 필연적인 이유를 만들어 내는 작업이라고 하겠다.

위 답변은 우선 전공을 통한 지식적인 경쟁력을 정리하고 있다. 그리고 자연스럽게 지식을 활용할 수 있는 실무 경험으로 내용을 연결시켜 구체적인 내용을 통하여 관련 경험을 어필한다. 물론 적용 부분도 확실한데 지식과 경험을 통한 서비스 마인드와 고객 서비스에 대한 이해를 언급하면서 일에 대한 관심을 표현하고 있다. 따라서 지원 직종이나 회사에 대한 동기를 만드는 데 어려움을 겪는 지원자라면 모범 답변 3의 구성을 활용해보는 것이 좋겠다. 실제로 본인의 핵심 경쟁력만 찾아낼 수 있다면 위와 같은 구체적인 구성도 가능할 것이고 직종이나 회사에 대한 동기를 찾아내는 힌트로도 충분히 활용할 수 있다. 또 본인의 경쟁력을 묻는 질문이나 자기소개, 장점 등의 질문에도 적용할 수 있는 내용을 쉽게 뽑아낼 수 있을 것이다.

Why do you want to leave your current position?
왜 현재의 자리를 떠나기를 원하십니까?

Why are you leaving your present employer?
왜 현재의 회사를 떠나려고 하십니까?

What do you know about my company?
우리 회사에 대해서 무엇을 알고 계십니까?

　　지원 동기 답변의 적용이 가능한 다른 유형의 질문들에는 신입으로 지원하는 1년 미만의 경력자들에게 자주 나오는 질문을 정리해보았다. 최근 1년 미만의 경력을 갖춘 중고 신입들이 많이 생겨나면서 이들만을 위한 새로운 채용 시장도 형성되고 있다. 따라서 현재 다니고 있는 회사를 떠나려는 이유나 떠난 이유, 새로운 길을 찾는 이유 등에 대한 지원 동기도 예상해볼 수 있겠다.

'What do you know about my company?'와 같은 질문은 지원 회사에 대한 정보를 묻는 질문인데 지원자가 말한 동기나 포부 등이 진실인지 아닌지의 여부를 확인해볼 수 있는 방법이 된다. 지원 회사에 정말로 많은 관심이 있다고 말했고 앞으로의 계획도 구체적으로 답변했는데 정작 지원 회사에 대해서 알고 있는 것이 없다면 본인의 주장은 설득력을 잃을 것이기 때문이다. 응용해서 지원 회사의 제품을 사용해 본 경험, 최근 출시된 서비스에 대한 의견, 제품 및 서비스의 장단점, 경쟁사와의 비교 분석 등까지도 나오게 될 확률이 있다. 따라서 지원 회사에 대한 동기를 준비할 때 지원 회사의 정보를 어느 정도 담아주는 것이 더 큰 힘을 발휘할 수 있겠다.

As a global leading company, you provide the world-prominent service and the newly established R&D center in Korea will take a significant role. I would like to experience your advanced business and well-organized business philosophy.

글로벌 선도 기업으로서 귀사는 세계적으로 유명한 서비스를 제공하고 있고 한국에 새롭게 설립된 R&D 센터는 중요한 역할을 수행할 것입니다. 저는 귀사의 진보된 사업과 잘 조직된 경영 철학을 경험하고 싶습니다.

From these aspects, I decided to apply for (지원 직종) position at your company. I believe you are the perfect company where I can utilize relevant educational background and experience.

이러한 점에서 저는 귀사의 이 자리에 지원하기로 결심하였습니다. 귀사는 저의 관련 교육 배경과 경험을 활용할 수 있는 완벽한 회사라고 믿습니다.

I am convinced that my qualifications will enable me to understand (지원 업무) responsibilities

quicker than other candidates.
저의 자질들은 다른 지원자들보다 더 빨리 (지원 업무) 업무들을 이해할 수 있게 해줄 것이라고 확신합니다.

I'm confident that my qualifications will be a strong base for me to perform my duties successfully as a (지원 직종).
이러한 자질들은 제가 (지원 직종)으로서 저의 임무들을 성공적으로 수행할 수 있는 강력한 기반이 될 것이라고 자신합니다.

I've always wanted to work in your company so I've bought and used some of your products for a long time.
저는 항상 귀사에서 일하기를 원해왔기 때문에 오랫동안 귀사의 몇몇 제품을 구매했고 사용해왔습니다.

I saw the greatest potential for growth here and I' ll contribute all of my abilities and skills to the ongoing success of this company.
저는 여기에서 성장에 대한 가장 큰 잠재력을 보았으며 귀사의 진행 중인 성공에 저의 모든 능력과 기술을 공헌할 것입니다.

I'm very impressed by your corporate culture which respects every individual's personalities and creativeness. This is the exact environment I have been seeking.

저는 모든 개개인의 성격과 창의성을 존중하는 귀사의 기업 문화에 매우 감명을 받았습니다. 이것은 제가 찾고 있던 바로 그 환경입니다.

입사 후 포부

포부는 주로 동기 이후에 시도될 확률이 높은 질문
이다. 지원 분야, 직종, 회사에 지원하게 된 이유를 먼
저 듣고 지원 분야 및 회사에서 혹은 지원 직종으로
어떻게 일할 것인지를 알고 싶어 하기 때문이다.

질문 리스트

Tell me about your future plans.
향후 계획에 대해서 말씀해주시기 바랍니다.

What are your long-term career goals?
당신의 장기 커리어 목표는 무엇입니까?

What do you see yourself doing three to five years from now?
지금부터 3~5년 후에 자신이 무엇을 하고 있으리라고 봅니까?

How would you like to work as (지원 직종)?
(지원 직종)으로서 어떻게 일하기를 원하십니까?

　　질문 리스트를 보면 역시 다양한 유형의 포부에 대한 질문들을 볼 수 있는데 포함된 단어가 면접관이 궁금해 하는 범위를 결정하고 있다는 것을 알 수 있다. 'your future plans'의 경우에는 비교적 일반적인 향후 계획을 묻는 질문이다. 범위가 다소 넓기 때문에 어떤 향후 계획을 답해야 하는지 헷갈리기도 하는데 아무래도 취업을 위한 면접을 보는 것이니까 입사 후의 계획에 초점을 맞추는 것이 좋겠다.

'your long-term career goals'가 포함된 질문은 장기적인 커리어의 목표를 알고자 함이다. Long-term, mid-term, short-term에 따라서 답변의 성격을 달리할 수 있을 것이다. 단기나 중기적인 목표라면 입사 후에 바로 해볼 수 있을 만한 계획을 바탕으로 답변을 구성하는 것이 좋겠고 장기적인 목표라면 궁극적으로 내가 해보고 싶은 일에 초점을 맞추는 것이 면접관의 궁금증을 해결할 수 있겠다. 이처럼 포부 질문에 포함된 단어의 성격을 정확하게 파악하는 것이 중요하다.

'What do you see yourself doing three to five years from now?'와 같은 질문도 마찬가지이다. 5년 후의 목표를 묻는 질문인데 이것은 3년, 10년 후의 목표를 묻는 질문으로도 응용되어서 자주 출제된다. 따라서 질문에 포함된 기간을 통하여 단기, 중기, 장기적인 목표나 계획을 자연스럽게 설명해주면 되겠다.

My first goal will be to assimilate into your corporate culture and environment successfully. To achieve this goal, I will do my best to build special bonds with other members. Then, I will master given tasks and try to perform my responsibilities successfully. Specifically, I will neither hurry to sell products nor increase sales in the first several months. Rather, I'll do my best to form excellent relationships with a variety of potential customers by building up credit. And then, I'll turn them into my actual customers. Making good relationships with potential customers, increasing my credit and securing potential customers as my first-time customers, they will be the general process of my responsibilities.

저의 첫 번째 목표는 귀사의 문화와 환경에 성공적으로 동화하는 것이 될 것입니다. 이 목표를 이루기 위해서 저는 다른 일원들과 특별한 유대를 형성하는 데 최선을 다할 것입니다. 그런 후에 저는 주어진 임무를 통달하고 저의 책임을 성공적으로 수행하기 위해서 노력할 것입니다. 구체적으로 말씀 드리자면 처음 몇 달 안에 저는 제품을 판매하거나 매출을 늘리기를 서두르지 않을 것입니다. 도리어 저는 신뢰를 쌓음으로써 다양한 잠재 고객들과 훌륭한 관계를 형성하기 위하여 최선을 다할 것입니다. 그런 후에 그들을 저의 실질적인 고객으로 바꿀 것입니다. 잠재 고객들과 좋은 관계를 맺고 신뢰를 쌓고 잠재 고객들을 저의 첫 번째 고객으로 확보하는 것은 제 업무의 일반적인 과정이 될 것입니다.

위 답변은 아주 구체적인 단기 계획을 설명하고 있다. 먼저 지원 회사의 문화와 환경에 익숙해지고 다른 직원들과 좋은 관계를 형성하겠다는 내용은 누가 보아도 입사 직후 바로 해볼 수 있을 만한 내용이다. 일단 일반적인 느낌의 목표를 깔아준 후에 한발 더 들어가서 지원 직종의 업무를 수행하기 위한 계획을 풀어놓고 있다. 입사 후 바로 시도해볼 수 있을 만한 업무의 과정을 설명하고 있기 때문에 명확한 단기 목표를

세워 놓고 있는 지원자라는 느낌을 전달하기에 충분
하다.

모범 답변 2

I would like to be a competent public officer by
adapting myself quickly to the fast-paced
innovation and changes of government offices.
Also I will develop my skills and abilities to
manage numerous problems and civil affairs
efficiently. To keep my eyes and ears open to the
sound of public, I even have a plan to perform
various community services. Also I would like to
get the newest issues and trends by reading
articles and taking job-related courses. In this
way, I am sure I will keep my job skills up-to-
date. Ultimately, as a public officer, I will meet the
changes in the world as well as in our society
successfully.

저는 정부 기관의 빠르게 돌아가는 혁신과 변화에 빠르

게 적응함으로써 유능한 공무원이 되고 싶습니다. 또한 수많은 문제들과 민원들을 능률적으로 관리하기 위해서 저의 기술과 능력을 개발할 것입니다. 대중의 소리에 눈과 귀를 열어놓기 위해서 저는 다양한 공동체 활동을 수행할 계획도 가지고 있습니다. 또한 저는 기사들이나 업무 관련 수업을 들음으로써 가장 최신 이슈와 트렌드를 얻고 싶습니다. 이러한 방법으로 저의 업무 기술을 최신으로 유지할 것입니다. 궁극적으로 공무원으로서 저는 우리 사회에서뿐만 아니라 이 세계에서의 변화도 성공적으로 맞이할 것입니다.

모범 답변 2는 비교적 중기적인 목표의 느낌을 전달한다. 질문으로 보자면 'What do you see yourself doing three to five years from now?'나 'How would you like to work as (지원 직종)?' 혹은 'Tell me about your future plans.'와 같은 질문 모두에 적용이 가능한 수준이 되겠다.

답변의 구성만 보아도 알 수 있듯이 단기적인 목표

와는 확실하게 다른 접근이다. 단기 목표는 입사한 후에 본인이 바로 해볼 수 있음직한 내용이 주를 이루어야 하는데 위의 답변은 그것보다는 훨씬 더 큰 그림으로 본인의 커리어를 설명하고 있다. 관련 문제들과 민원들을 관리하기 위한 기술과 능력을 개발하는 것, 공동체 활동을 수행하는 것, 그리고 최신 이슈 및 트렌드를 얻는 것은 공무원으로 일하면서 지속적으로 수행해야 하는 과정이지 단기간에 끝나는 느낌은 절대로 아니다.

모범 답변 3

My ultimate goal is to become a marketing professional who can give a clear image of (지원 회사) to consumers and develop diverse tools to communicate with consumers. At the same time, I will keep developing my skills and abilities in this field. To achieve my goal, I will develop strategic planning skills because it is the best way to increase chances of success. I might come up with a lot of problems, but if I have the orderly process of planning, I will be able to find the problems and resolutions. In this consumer-centered twenty first century, I would like to take a pivotal role in making (지원 회사) able to provide consumers with the best product.

저의 궁극적인 목표는 고객들에게 (지원 회사)의 명확한 이미지를 전달하고 고객들과 함께 의사소통할 수 있는 다양한 도구들을 개발하는 마케팅 전문가가 되는 것입니다. 동시에 저는 이 분야에서 저의 능력과 기술을 계속해서 개발할 것입니다. 전략적인 기획은 성공의 기회를 증가시킬 수 있는 최상의 방법이기 때문에 저의 목표를 이루기 위하여 전략적인 기획 능력을 기를 것입니다. 많은 문제들에 이르게 될지 모르지만 만약에 제가 정돈된 기획의 절차를 갖추고 있다면 그 문제들과 해결책들을 찾을 수 있게 될 것입니다. 소비자 위주인 21세기에 저는 (지원 회사)가 최상의 제품을 고객들에게 전달할 수 있도록 만드는 데 중추적인 역할을 하고 싶습니다.

자, 단기와 중기 목표를 그럭저럭 준비했다고 치자. 문제는 장기적인 목표이다. 왜냐하면 여러분들은 아직까지 이 직종으로 이 분야에서 그것도 이 회사에서 일해 본 경험이 없기 때문에 10년 후의 계획을 설명하는 것이 벅차다. 장기 계획을 만드는 가장 쉬우면서도 확실한 방법은 내가 궁극적으로 해보고 싶은 일을 찾아내는 것부터 시작할 수 있다.

우선 이 직종으로 이 분야에서 그것도 이 회사에서 내가 오르고 싶은 위치를 정한다. 그리고 그 위치에 가기까지 거쳐야만 하는 커리어의 과정을 설명해주면 되는 것이다. 조금 더 쉽게 풀자면 장기적인 목표에 이르는 단기와 중기적인 계획을 차근차근 설명해주자는 것이다. 물론 이 과정을 거치려면 지원 직종, 분야, 회사에 대한 철저한 조사가 필요하다. 예를 들어서 10년 후에 A라는 지위에 올라서 어떤 일을 해보고 싶다고 설명했는데 업계의 일반적인 과정으로 보았을 때 현실 불가능한 내용이라면 명확한 계획으로 받아들여

지지 않을 것이다. 또 10년 후에 B라는 일을 해보기 위한 단기 및 중기적인 계획이 논리적이지 못하다면 역시 지원 직종, 분야, 회사에 대한 관심이나 열정이 떨어지는 것처럼 보일 수 있을 것이다.

위 답변은 마케팅 전문가를 최종 목표로 정했다. 하지만 그냥 무턱대고 목표를 정한 것이 아니라 명확한 이미지를 전달하고 고객들과 함께 의사소통할 수 있는 다양한 도구들을 개발할 수 있는 마케팅 전문가로 목표를 구체화하고 있다. 그리고 그것을 가능하게 하는 과정으로 전략적인 기획을 꼽아서 목표를 이루기 위한 내용을 설명하고 있는 것을 볼 수 있다.

답변 적용이 가능한 다른 유형의 질문들

Have you established any plans for your future?
미래를 위한 어떤 계획이라도 세워 두었습니까?

What specific goals have you established for

your future?
미래를 위한 어떤 구체적인 목표를 세워 두었습니까?

Tell me about how you will contribute your abilities and skills to this firm.
당신의 능력과 기술을 우리 회사에 어떻게 공헌할 수 있을지에 대해서 말씀해 주시기 바랍니다.

'Have you established any plans for your future?' 나 'What specific goals have you established for your future?' 혹은 질문 리스트에서 다루었던 'Tell me about your future plans.'같은 질문은 답변의 범위가 꽤 넓은 것처럼 보인다. 따라서 본인의 개인적인 목표 즉 personal goal로 답변을 구성하는 것도 하나의 방법이 될 수는 있다. 하지만 앞에서도 언급했듯이 우리는 지금 취업을 위한 면접을 보고 있는 중이니까 personal goal보다는 career goal에 초점을 맞춰서 답변을 만드는 것이 훨씬 더 어울리겠다. 만약에 꼭 전달해야 하는 personal goal이 있다면 career goal을 충분히 설명해준 후에 간략하게 설명하는 구성을 택하도록 하자.

'Tell me about how you will contribute your abilities and skills to this firm.'라는 질문에도 포부의 답변을 적용해볼 수 있겠다. 질문에 포함된 'your abilities and skills'라는 단어로 미루어보아 중기나 장기 목표보다는 입사 후에 보여줄 수 있을 만한 단기적인 계획에 집중하는 것이 자연스럽겠다. 따라서 본인의 핵심 경쟁력을 챙겨서 지원 회사에 적용할 수 있는 능력과 기술을 만든 후에 단기 목표와 결합하여 그럴싸한 답변을 구성할 수 있겠다.

보너스 문장

I'll use my relevant experience and solid educational background efficiently.

저의 관련 경험과 견고한 교육 배경을 능률적으로 활용할 것입니다.

I understand it is not easy to be a successful (지원 직종) but I'm ready to dedicate everything for this job. I will prove it.
성공적인 (지원 직종)이 되는 것이 쉽지 않다는 것을 이해하고 있습니다만 저는 이 일을 위하여 모든 것을 바칠 준비가 되어 있습니다. 그것을 증명할 것입니다.

I think I need to spend some time to adapt myself to new responsibilities in a new environment.
저는 새로운 환경에서 새로운 임무들에 순응할 시간을 보낼 필요가 있다고 생각합니다.

Based on my outgoing and friendly nature, I will maintain excellent relationships with clients and other members.
외향적이고 친절한 성품을 바탕으로 저는 고객 및 다른 직원들과 훌륭한 관계를 유지할 것입니다.

For now, I am only interested in seeing how

much I can do for you with my talent and knowledge.

현재로서 저의 재능과 지식으로 제가 귀사에 얼마나 많은 것을 할 수 있는지를 보는 것에만 관심이 있습니다.

Since I have relevant knowledge and experience, I'm pretty confident that I'll play a pivotal role as a (지원 직종).

저는 관련 지식과 경험을 갖추고 있기 때문에 (지원 직종)으로서 중추적인 역할을 할 것이라고 매우 자신합니다.

My attitude pursuing perfection and sincerity will allow me to attain my career goal.

완벽함과 성실함을 추구하는 저의 자세가 저의 직업 목표를 이루게 해줄 것입니다.

I sincerely believe that I will become a very best (지원 직종) at whatever level I am working within your corporate structure.

제가 어떤 자리에서 일하더라도 저는 귀사의 기업 구조 안에서 가장 최고의 (지원 직종)이 될 것이라고 진심으로 믿습니다.

U·n·i·t 10   마지막 마치는 멘트

마지막 멘트는 지원자에게 마지막 발언 기회를 주는 질문이다. 자기소개의 질문처럼 마지막 멘트도 응용 가능한 범위가 넓지 않으므로 질문 자체를 받아들이는 것이 특별하게 어렵지는 않겠다. 대부분의 경우에 추가적으로 보태고 싶은 말이나 면접을 마치기 전에 마지막으로 하고 싶은 말은 묻는다.

질문 리스트

Have we missed something that you'd like to add?
추가하고 싶은 무엇인가를 우리가 놓쳤습니까?

Is there anything you'd like to address?
더 말씀하고 싶은 것이 있습니까?

Do you have any question or anything to say before finishing this interview?
이 면접을 마치기 전에 질문이나 더 하고 싶은 말씀이 있습니까?

대부분의 지원자들은 마지막 멘트를 잘 활용하지 못한다. 앞에서도 계속적으로 언급했다시피 다음으로 나올 질문이 두려웠는데 마지막 멘트에 대한 질문을 받으면 일단 다음 질문이 없다는 것을 확신할 수 있다. 또 마지막으로 하고 싶은 말은 없다고 해도 그만이니까 아무런 답변도 전달하지 않고 이 질문으로 자신의 영어면접이 끝나기를 바란다. 하지만 마지막 멘트의 활용도를 이해한다면 절대로 그냥 날려버리지는 못할 것이다.

우선 마지막 멘트는 미처 전달하지 못했던 답변을 재차 시도해볼 수 있는 기회가 된다. 영어로 답변해야 하는 상황이므로 이전에 나왔던 모든 질문에 100% 완벽하게 대응한다는 것이 쉽지만은 않을 것이다. 질문을 잘 이해하지 못했던 경우도 있을 수 있고 짧은 순간에 적절한 답변을 생각해내지 못했을 수도 있다. 이유야 어찌됐건 답변을 하지 못했다는 것은 감점의 요인이 되기에 충분하므로 그 질문에 대한 답변을 조금씩 생각했다가 마지막 멘트에서 다시 시도해 보는 것이다.

필자가 무조건 답변하라고 하지 않고 시도해 보라고 하는 이유는 이전 질문에 대한 답변을 마지막에 다시 생각해서 전달하는 것이 어렵기 때문이다. 하지만 영어면접에서는 답변에 대한 의지를 보여주는 것이 무엇보다 중요하다. 따라서 질문에 대한 답변이 떠오르지 않을 때에는 그냥 모르겠다고 넘기는 것이 아니라 'May I answer for this question at the end of this interview?(면접의 말미에 이 질문에 답변을 해도 되겠습니까?)'라는 질문을 통하여 일단 재시도의 기회를 얻는 것이 중요하겠다. 만약에 자신이 답변하지 못한 질문이 나만의 경쟁력을 전달할 수 있는 중요한 질문이었다면 정말로 소중한 기회를 놓칠 수도 있는 테니까 말이다.

경우에 따라서는 답변을 정정하거나 정보를 추가하는 기회로도 활용해볼 수 있다. 특정 단어가 갑자기 떠오르지 않았다거나 수치를 잘못 전달한 경우, 결론을 미처 제시하지 못한 답변 등에 추가적인 정보를 보태거나 답변의 내용을 수정하는 기회로 삼을 수 있다. 마찬가지로 본인에게 유리한 정보를 전달해야만 하는 중요한 질문이었다면 마지막 멘트를 통해서 보다 확실하게 정보를 전달해볼 수 있을 것이다.

I would like to say that this position perfectly fits into not only my abilities and skills but also my career plans. All I mentioned about my education, experience and activity show how eager I am to work in your company. Also my research about this field can prove that I have a profound interest in this job. I can strongly say that my great enthusiasm and energy will make me a reliable member at the workplace. I hope to be a part of your company. Thank you for your time.

저는 이 자리가 저의 능력과 기술뿐만 아니라 직업 계획과도 완벽하게 일치한다고 말씀 드리고 싶습니다. 저의 교육, 경험, 활동에 대해서 언급 드린 모든 것이 제가 귀사에서 일하기를 얼마나 열망하는지 보여주고 있습니다. 또한 이 분야에 대한 저의 조사는 제가 이 일에 깊은 관심이 있다는 것을 증명할 수 있습니다. 저의 큰 열정과 에너지가 직장 내에서 저를 유능한 직원으로 만들어 줄 것이라고 강하게 말씀 드릴 수 있습니다. 저는 귀사의 일원이 되기를 희망합니다. 시간 내주셔서 감사드립니다.

위에서 설명한 상황이 아니더라도 마지막 멘트는 활용도가 꽤 넓은데 '모범 답변 1'처럼 자신의 열정과 관심을 다시 한 번 짚어주는 것으로 강조의 효과를 노려볼 수도 있다. 이전에 답변한 동기와 포부에 추가적인 정보를 얹는 느낌인데 면접을 마치기 전에 지원 직종, 분야, 회사 등에 대한 자신의 관심이 진실이라는 것을 강조하기 위한 목적이 있다 하겠다.

위 답변에서도 이전 답변에서 이미 자신의 교육, 경험, 활동을 언급했다고 말하고 있다. 즉 주장에 대한 증거는 충분하게 다루었다는 뜻이 된다. 따라서 추가적인 증거를 제시하는 것보다는 자신이 이 일과 어울린다는 주장에 조금 더 힘을 실어주는 것으로 답변을 구성하는 것이 훨씬 효과적이다.

모범 답변 2

Firstly I am sorry that I was not able to present myself fully in English today. But I am sure that my practical experience and knowledge would enable me to perform this job better than any other candidates. I believe working with you will be the most important turning point for my life and career. I guarantee that I will do my best to contribute all of my capabilities to bring the most profits to your company. Thank you very much.

먼저 오늘 영어로 제 자신을 충분하게 표현할 수 없었다는 것에 죄송한 말씀을 드립니다. 하지만 저의 실무 경험과 지식으로 다른 어떤 지원자들보다 이 일을 잘 수행할수 있다고 확신합니다. 귀사에서 일하는 것은 저의 인생과 커리어에 가장 중요한 전환점이 될 것이라고 믿습니다. 저는 귀사에 가장 큰 이익을 드리기 위해서 저의 모든 능력을 바치도록 최선을 다할 것이라고 확언합니다. 대단히 감사합니다.

미처 답변하지 못했거나 정정할 것도 없고 자신의 관심도 충분하게 전달했다면 '모범 답변 2'와 같이 자신의 면접을 정리하는 것으로 면접을 마무리할 수 있겠다. 위의 답변처럼 영어로 충분하게 자신을 표현하지 못한 것에 대한 멘트를 담아볼 수도 있다. 또 추가적으로 지금 이 면접이 자신에게는 정말로 중요한 순간임을 강조하는 내용으로 답변을 구성해도 좋겠다.

하지만 마지막 멘트는 획기적인 반전을 시도해보는 질문이 아니므로 이전 답변과는 전혀 다른 새로운 정보를 전달하는 것은 위험할 수 있다. 이전에 내렸던 결론과는 다른 새로운 결론을 말한다거나 자신에 대한 상반된 정보를 알려주는 것은 일관성이 없는 지원자로 보일 수 있기 때문에 항상 이전 답변과의 연장선상에서 새로운 정보를 전달하도록 신경 써야 하겠다.

Briefly introduce yourself.
간략하게 자신을 소개해 주세요.

Why do you want to work with us?
왜 우리와 일하기를 원하십니까?

Tell us about your qualities or experience that would be a value to us.
우리에게 가치 있을 당신의 자질이나 경험에 대해서 말씀해주시기 바랍니다.

How confident are you that you can successfully perform the duties of this position and why?
이 일의 임무를 성공적으로 수행할 수 있다는 것에 얼마나 자신이 있습니까? 왜 그렇습니까?

  자신의 관심, 열정, 노력 등을 정리한 마지막 멘트는 지원자의 주장이 되므로 'Briefly introduce yourself.'와 같은 자기소개 질문에도 적용해볼 수 있겠다. 만약 답변에 자신의 핵심 경쟁력에 대한 내용을 정리했다면 조금 더 구체적인 'Tell us about your qualities or experience that would be a value to us.'의 질문에 대한 핵심 내용도 충분히 뽑아낼 수 있을 것이다.

또 마지막 멘트를 지원동기 및 포부의 연장선상에서 정리했다면 'Why do you want to work with us?' 혹은 'How confident are you that you can successfully perform the duties of this position and why?'와 같은 질문에 적용하는 것을 생각해볼 수 있겠다.

B보너스문장

Additionally I possess excellent communication skills. I communicate with others with mature, polite and professional manners.
저는 추가적으로 뛰어난 의사소통 능력을 갖추고 있습니

다. 성숙하고, 공손하고 전문적인 태도로 다른 사람들과 대화합니다.

My qualifications and career goals seem to match your requirements well. I am excited about the idea of working for a global leading company like (지원 회사).

저의 자질과 직업 목표가 귀사의 요구 사항과 잘 어울립니다. 저는 (지원 회사)와 같은 글로벌 선도 기업에서 일할 생각에 설렙니다.

Your company is the place I can develop my capabilities and realize my dreams. I will make my greatest efforts to meet your expectation.

귀사는 저의 능력을 개발할 수 있고 꿈을 실현할 수 있는 장소입니다. 저는 귀사의 기대를 만족시키기 위하여 최대한의 노력을 할 것입니다.

You will see how competent and confident I am.

귀사는 제가 얼마나 유능하고 자신만만한지 보시게 될 것입니다.

I'm not just saying it. I'll persistently try my best to make a success.

그냥 말로만 하는 것이 아닙니다. 성공을 만들기 위하여 끈기 있게 최선을 다할 것입니다.

I'm ready to make a new challenge right now.

지금 저는 새로운 도전을 할 준비가 되어 있습니다.

U·n·i·t 11 상황별 질문 정리

질문을 잘 이해하지 못했을 때에는 다음과 같은 표현을 활용해볼 수 있다. 즉 면접관에게 반문하여 질문의 정확한 요지를 파악하는 것인데 여러 가지 방법으로 질문을 다시 들어볼 기회를 얻을 수 있겠다.

Pardon Me? / I beg your pardon. / I'm sorry?
죄송합니다만 다시 말씀해 주시겠습니까?

Could you repeat the question, please?

그 질문을 다시 말씀해 주시겠습니까?

Could you repeat it more slowly?
질문을 더 천천히 반복해 주시겠습니까?

Would you mind repeating your question?
질문을 다시 말씀해 주시겠습니까?

Excuse me, could you talk a little bit slower?
죄송합니다. 조금 더 천천히 말씀해 주시겠습니까?

I'm afraid that I didn't understand your question.
Would you please repeat it?
질문을 이해하지 못해서 죄송합니다. 다시 말씀해 주시겠
습니까?

Could you slow down slightly? It's too fast for me
to grasp what you say.
조금 천천히 말씀해 주시겠습니까? 말씀하시는 것이 제
가 이해하기에 너무 빠릅니다.

I'm sorry but I missed what you just said. Could

you repeat what you just said, please?
방금 말씀하신 것을 듣지 못해서 죄송합니다. 방금 말씀하신 것을 반복해 주시겠습니까?

Are you asking me ○○○?
○○○에 대해서 묻고 계신 것인가요?

    하지만 질문의 요지를 정확하게 파악하지 못했다고 무조건 반문하는 습관은 좋지 않을 수 있다. 질문을 제대로 듣지 못한 것과 제대로 이해하지 못한 것에는 명확한 차이가 있기 때문이다. 주위 환경으로 인하여 질문을 잘 듣지 못해서 반문하는 거라면 괜찮다. 다시 들어서 질문을 이해할 수 있을 것이다. 하지만 질문을 잘 들었는데도 불구하고 이해하지 못한 것이라면 다시 들어도 결과는 마찬가지일 수 있다. 만약 친절한 면접관을 만난다면 이런 상황에서 질문을 조금 더 쉽게 풀어주는 경우도 있다. 하지만 면접관이 동일한 질문을 다시 던진다면 또 이해하지 못하게 될 것이고 계속 반문만 할 수도 없다.

따라서 이런 경우에는 자신이 질문을 이해한 대로 확인하는 방법이 오히려 더 유용할 수 있다. 'Are you asking me ○○○?'와 같이 ○○○에 대해서 묻고 있는지를 확인하거나 더 구체적인 질문으로 면접관이 무엇에 대해서 듣기를 원하는지를 꼼꼼하게 따져보는 것이다. 실제 면접에서 반문을 통하여 질문을 재차 들은 지원자들이 면접관의 의도와는 전혀 다른 엉뚱한 답변을 전달하는 경우가 꽤 많다. 자신이 이해한 것을 확인해보지 않았기 때문에 생기는 실수이다. 이런 상황이 발생한다면 일단 영어 자체를 정확하게 이해하지 못한 것에서 감점이 주어질 것이고 해당 질문에서 요구하는 능력, 자질, 경쟁력을 전달하지 못했으므로 지원자는 그만큼의 기회를 잃게 될 것이다.

I am sorry but I cannot answer that in English.

죄송합니다만 이 질문은 영어로 답변을 하지 못하겠습니다.

Honestly, I didn't prepare a proper answer for that question in English.

솔직하게 말씀 드리면 영어로 그 질문에 대한 적절한 답변을 준비하지 않았습니다.

I am not able to express it in English now. But, I am convinced that, if I join your company, I will study English very hard.

지금은 영어로 표현하지 못하겠습니다. 하지만 만약에 귀사에 입사한다면 영어를 아주 열심히 공부할 것을 확신합니다.

May I answer for this question at the end of this interview?

면접의 말미에 이 질문에 답변을 해도 되겠습니까?

질문에 대한 답변을 잘 하지 못했을 때에도 대처하는 멘트가 있다. 일반 면접이라면 어떻게 해서든지 주어진 질문에 답변하려 노력할 수 있지만 영어면접에서는 정말로 내용이 영어로 생각나지 않으면 답변을 하지 못하는 상황이 생길 가능성이 높다. 따라서 위에서 정리한 정도의 멘트를 추가하면 되는데 주된 내용은 영어로 답변을 만들지 못한 것에 대한 죄송스러움을 전하는 것이다.

면접의 말미에 질문에 대한 답변을 해도 좋겠냐는 질문 역시 면접 중간에 적절하게 답변하지 못할 경우에 활용할 수 있는 방법이다. 앞에서도 잠깐 언급했다시피 영어면접에서 나온 질문에 완벽하게 답변하지 못하는 상황이 발생할 수 있다. 그렇다고 질문 자체를 날린다면 나의 소중한 정보를 전달하지 못하게 될 것이다. 따라서 지금 당장은 답변이 떠오르지 않지만 면접을 모두 마친 후에 다시 한 번 생각해서 답변을 시도해 보겠다고 요청하는 것이다.

실제 면접에서 답변을 하지 못할 때 위와 같은 질문으로 재시도를 요청하는 지원자에게서 면접관은 면접에 대한 관심과 열정을 엿볼 수 있다. 하나의 질문도 놓치지 않고 최선을 다해 보겠다는 의지의 표현이 되는 것이다. 필자 역시 면접에서 이런 경우를 많이 접해보았는데 지원자에게 재시도의 기회를 주지 않은 경우도 많다. 아니면 지원자가 재시도의 기회에서도 적절하게 답변하지 못하는 경우도 있다. 하지만 면접관의 입장에서 무조건 모른다고 답변하는 것과 재시도의 기회를 얻어서 노력해 보는 것은 정말로 큰 차이가 있다는 것을 지원자는 깨달을 필요가 있다.